Robert Axt, Rosie Cordsen-Enslin, Walter Enslin,
Hans Jürgen Kärcher, Alfred Landmesser (Hrsg.)

ENGLEIN, GAUCHOS, SEIDENÄFFCHEN UND CO.

ENGLEIN, GAUCHOS, SEIDENÄFFCHEN UND CO.

Anthologie zum 5. Geburtstag des Karbener LiteraturTreff e.V.

Ausgewählte Texte der Vereinsmitglieder

Robert Axt

Rosie Cordsen-Enslin

Walter Enslin

Hans Jürgen Kärcher

Alfred Landmesser

MORLANT VERLAG

Impressum:
Bibliographische Information der Deutschen Bibliothek:
Die Deutsche Bibliothek verzeichnet diese Publikation in der Deutschen Nationalbibliographie; detaillierte bibliographische Daten sind im Internet über http://dnb.ddb.de abrufbar.

Taunusstr. 29
D – 61184 Karben
E-Mail: info@morlant-verlag.de
Internet: www.morlant-verlag.de

Umschlaggestaltung: Cordula Ernst
Illustrationen: Walter Enslin

ISBN: 978-3-943041-06-4

INHALT

VORWORT DER HERAUSGEBER

Dieses Büchlein ist dem 5. Geburtstag unseres Vereins, dem Karbener LiteraturTreff, gewidmet, der uns zusammengebracht hat.

Auf der linken Seite ein ungewohntes Bild, vorne der breite Eingang, rechts und links flankiert von wuchtigen Eckpfeilern aus rotem Sandstein, im Mittelpunkt des weitläufigen Hofs der Renaissancebrunnen mit neugotischem Wohnhaus, der sogenannten Kapelle, und dahinter die Hauptfassade des Leonhardischen Schlosses.

Die Wirklichkeit ist eine Andere.

Wahr ist aber auch, dass jeder die Realität auf seine Weise wahrnimmt. Mit der Poesie ist das nicht anders.

Durch den Schlosshof hindurch führt der Weg zum Ort unserer Literaturabende, dem KUHtelier, dem der Leitgedanke innewohnt, sich dem Neuen zu zuwenden, das sich frei macht vom Alltäglichen. Diesen Gedanken nehmen wir gerne auf. Indem wir uns zum KUHtelier aufmachen, lassen wir das Alltägliche hinter uns und tauchen ein, wenn wir Glück haben, in die Welt des Poetischen, das ja zunächst und vor allem ein Spiel ist, heiter bis ernst, wie Marcel Reich-Ranicki bemerkte.

Unser Spiel ist es geworden, seitdem wir Bleistift, Kugelschreiber oder Füller in die Hand genommen haben, um unsere Gedanken aufs Papier zu bringen, jeder von uns auf seine Weise, mit seinen Themen und nach seinen Vorlieben.

So ist ein buntes Kaleidoskop entstanden, von dem eine kleine Auswahl in diesem Büchlein abgedruckt ist, von Lustigem und Nachdenklichem, von Heiterem und Besinnlichem, von nahen und fernen Reisen, von Gedachtem, Gefühltem und Erlebtem, in Gedichten oder in Prosa, gereimt und ungereimt.

Wir wünschen viel Spaß bei der Lektüre und hoffen, dass für jede und jeden etwas dabei sein möge.

Im Juni 2015

Robert Axt, Rosie Cordsen-Enslin, Walter Enslin,
Hans Jürgen Kärcher, Alfred Landmesser

GRUSSWORT DES VORSTANDS

Für den Karbener LiteraturTreff ist es eine wertvolle Bereicherung, eigene Poeten in seinen Reihen zu haben. Wir freuen uns über unsere schreibenden Mitglieder und wissen es zu schätzen, dass es nicht ihre vorrangige Absicht ist, ihre eigenen Werke in den Vordergrund zu stellen - was an sich ja kein verwerfliches Ansinnen wäre - sondern dass sie sich aktiv an den Veranstaltungen mit Beiträgen zu den verschiedensten Themen beteiligen.

Wir wünschen den Autoren weiterhin gute Einfälle und die nötige Geduld, da schöne Lyrik und gute Prosa oft nur langsam heranreift.

KARBENER LITERATURTREFF E.V.

Hans-Martin Thomas Dieter Körber

JETZT SIND DIE LESERATTEN AM ZUG

ALHAMBRA

Robert Axt

Schon oft habe ich die Alhambra bewundert,
zuerst auf Bildern,
dann in Granada,
heute wieder einmal im Fernsehen,

wobei mir immer mehr bewusst wird,
dass der Orient eine Seite unseres Wesens ist,
wie auch wir eine Seite des Wesens des Orients sind.

Für mich gibt es nichts Schöneres
als diese bildlosen Ornamente,
die als Dekor in grenzenloser Abstraktion
die Schönheit der Welt umrahmen,
die sie ja selbst nur immer wiederholen wollen,
auf den Punkt gebrachte Ewigkeit, wie ich meine.

Dies ist die eine Seite der Münze,
auf der anderen Seite sind unsere Kirchen,
Gemälde, Statuen, allesamt erhaben
und die Vergänglichkeit herausfordernd,
doch bereit zu Kompromissen.

Auf den ersten Blick unvereinbar,
hier ein Traum, dort Geschäftigkeit,
doch was wären wir ohne Träume
in dieser diesseitigen Welt?

ARENA DI VERONA

Robert Axt

Nicht größer konnte der Kontrast sein
zwischen unserem beschaulichen Feriendomizil
auf dem Bauernhof in einem kleinen Dorf in den
Südtiroler Bergen und der quirligen Atmosphäre
auf dem Hauptplatz Veronas, der Piazza Brà,
mit ihren aneinandergereihten vollbesetzten
Strassenlokalen und Cafés sowie den unzähligen
flanierenden oder auch eiligen Passanten, die
von den Sitzenden aufmerksam gemustert wurden:
Dort das Dörfische, nicht abwertend,
hier die Urbanität, nicht im Sinne einer
Überhöhung gemeint.
Beides hat etwas für sich und kann
sehr wohl gefallen.

Im Gegensatz zu beiden: das Spektakel,
im Italienischen fast noch eindringlicher
„spettàcolo“ genannt.
Gemeint ist die Arena, schon äußerlich
aus allen Rahmen fallend, tausendjährige
aneinandergereihte, rundumlaufende,
doppelstöckige Rundbögen, die das
römische Amphitheater bilden.
Antike Mauern eben, aber keine
Relikte der Vergangenheit sondern
irgendwie doch integriert in das
Geschehen von heute.
Innen, das steile Oval der Sitzreihen,
von denen in einem Augenblick der
Abwesenheit oder des Traumes

noch Jubel oder Entsetzensschreie aus
ferner Zeit zu hören sein müssten.

Aber weiter mit „Spektakel“:
Der Aufzug des Publikums,
die einen leger, die anderen
aufgetakelt, in feiner Robe,
spitzest möglichen Absätzen und
hochtoupierten Frisuren,
ein Abbild der zeitgenössischen
Gesellschaft. Herrlich diese Vielfalt
und die Möglichkeit, alles von
einem bequemen Sitzplatz aus in
der Mitte des Parketts zu erleben.
Ein weiteres „Spektakel“.
Die Bühne mit ihren altägyptischen Kulissen
aus der Oper „Aida“ und den Massenauftritten
der Kostümierten.

Ein „Spektakel“ jedoch der ganz besonderen Art
und das am meisten nachdenklich stimmende:
Der schlimme Schluss der Oper, bei dem zwei
Liebende lebendig eingemauert werden,
weil die Umstände nichts anderes zulassen.
Die Tragik verfehlt ihre Wirkung nicht:
Man spürte, auch bei sich selbst, echte Betroffenheit.

Dagegen erschien er nun wirklich läppisch,
ein ab einem gewissen Zeitpunkt von draußen
ins Innere der Arena
dringender, gedämpft vernehmbarer Jubel .

Italien hatte gegen Deutschland in einem wichtigen
Fußballspiel ein Tor geschossen.

Nur für die Chronik sei am Ende erwähnt,
dass sich die nördlich der Alpen beheimateten
Besucher der Arena im Angesicht all des Trubels
auf den Plätzen und in den Gassen still und leise an der
mächtigen mittelalterlichen Stadtmauer Veronas entlang
zu ihren Bussen begaben, die sie bis weit nach
Mitternacht zurück in die Urlaubsorte in den
Südtiroler Bergen brachten.

EIN AUSFLUG ZU DEN GAUCHOS

Rosie Cordsen-Enslin

Meine beste Freundin heißt Rosita und ist Argentinierin. Da ich lange nichts von ihr gehört hatte, flog ich spontan nach Mendoza in Andennähe, um sie zu besuchen. Sie hatte mir in ihren Briefen berichtet, dass sie in der Villa ihres Onkels und dessen Ehefrau im besten Viertel der Stadt wohnte. Weil sie es nicht nötig hatte zu arbeiten, organisierte sie zum Zeitvertreib manchmal Landpartien für reiche amerikanische Touristen, um ihnen die Schönheit der argentinischen Pampa mit ihren riesigen Rinderherden, von temperamentvollen Gauchos behütet, zu zeigen. Beim Lesen ihrer Beschreibungen kam bei mir der dringende Wunsch auf, dies auch mal zu erleben.

Endlich war ich da. Ich stieg aus dem Taxi, das vor einem Flachbau parkte, der dringend einen neuen Außenanstrich benötigt hätte. Davor spielten barfüßige Kinder lärmend Fußball. Für einen Moment hab ich gedacht, es sei die falsche Adresse. Doch dann schaute Rosita neugierig aus dem Fenster, überrascht mich zu sehen, und half mir mein Gepäck hineinzutragen. Im Wohnzimmer standen sehr alte Möbel und alles wirkte ungepflegt. Der Sessel auf den ich mich niederließ, ächzte gefährlich unter meinem Gewicht, denn ich gehöre leider zum Typ Walküre. Auf dem Sofa gegenüber schlief ein großer Hund. Als er mich bemerkte, wälzte und kratzte er sich ausgiebig, während Rosita einen frischen Matetee für uns aufbrühte, ohne ihren Redeschwall zu unterbrechen.

„Entschuldige, Gringa, aber hätte ich gewußt, dass du so plötzlich kommen würdest, dann stünden hier neue schicke Möbel, der Kühlschrank wäre prall mit Leckereien gefüllt und ...“

„Ach, lass doch, Rosita" unterbrach ich sie. „Hauptsache, du bist gesund und munter, und wir können zusammen einen tollen Ausflug, so wie du es mir geschildert hast, unternehmen."

„Aber natürlich!" sagte sie. Plötzlich kamen ihre Verwandten von einem Spaziergang zurück. Sie stellte mich ihnen vor, und es war eine herzliche Begrüßung. Ich nutzte die Chance, um die Geschenke aus Deutschland auszubreiten: Aromakerzen, einen preußischen Nussknacker, eine große Kuckucksuhr, Schokolade und Lebkuchen. Sie nahmen alles erfreut an und knabberten an den Plätzchen. Inzwischen war es spät geworden, ich wünschte ihnen eine gute Nacht und verzog mich in mein Kämmerlein.

Ein dröhnendes Fliegergeschwader über meinem Kopf weckte mich auf, doch es handelte sich nicht um Flugzeuge, sondern um eine Wolke bedrohlich summender Moskitos. Rosita kam mit heißem Kakao und Toast herein und schrie entsetzt, als sie mein geschwollenes Gesicht sah.

„Arme Gringa, die Biester haben dich gründlich zerstochen. Dein Blut ist halt zu süß, mich dagegen lassen sie in Ruhe".

Die angebrannten Toastscheiben und der dünne Strahl aus der Dusche halfen nicht, meine Laune zu verbessern. Bei glänzendem Sommerwetter stiegen wir in einen Bus Richtung Rivadavia, wo die Gauchos auf uns warteten.

Auf dem Weg dahin entlang schier unendlicher Weinfelder, erzählte mir Rosita, wie der Tag auf der Hazienda verlaufen könnte. Beginnend mit einer Serenade und einem Glas Rotwein, danach einem typisch argentinischen Grill mit Steaks und Beilagen auf der Terrasse unter schattigen Bäumen. Nach einer erholsamen Siesta würden uns die

Gauchos zu den Pferdeställen führen, wo die Reitschau der „tanzenden" Pferde stattfinden sollte.

Ich konnte es nicht fassen! Eigens dressierte Pferde, die nach dem Rhythmus deutscher Marschlieder tanzen würden! Rosita war heute mein Gast, da sie ja selbst knapp bei Kasse war. Ich hielt unseren Beitrag in Dollar bereit. Leider wartete auf dem Busbahnhof niemand auf uns. Wir mussten zu Fuß den Rest der steinigen Strecke bewältigen. Schweißgebadet und von Blasen geplagt fand uns der erste Gaucho vor. Er trug einen breitkrempigen Hut, ein kariertes Hemd, hohe Lederstiefel und ein keckes, rotes Halstuch. Ich verdrängte meine Schmerzen und lächelte ihn kokett an.

„Willkommen in der besten Hazienda der Region, schöne Senhoritas. Ich heiße Roberto und bin hier der Verwalter. Folgen Sie mir bitte zu den Pferdeställen, um Ihnen das Handwerkszeug eines geübten Gauchos zu zeigen."

Rosita und ich tauschten einen verzweifelten Blick aus. Am liebsten hätten wir uns im Schatten einer Platane niedergelassen und unsere ausgedörrten Kehlen mit einem Glas kühlen Tinto erfrischt. Missmutig folgten wir Roberto durch stinkende Pferdeäpfel und schwarze Wasserpfützen bis zu einem großen Regal mit allerlei Geräten. Er erklärte uns mit großer Geduld die verschiedenen Arten von Sätteln, Pferdegeschirr, Peitschen und alles was ein Gaucho so braucht, um „Herr der Rinder" zu werden. Nach einer geschlagenen halben Stunde kam endlich die Belohnung unter dem Schatten eines mächtigen Eukalyptusbaumes, wo die übrigen Mitglieder der Gauchomannschaft schon eifrig beim Grillen waren. Eine rustikale Tafel deckte sich allmählich mit Brotkörben, Salaten, Früchten der Saison und Weinflaschen, die in der Sonne funkelten.

Wir nahmen Platz neben Don Ernesto, dem Gutsbesitzer, ein Bild von einem Mann! Leuchtende Augen in einem sonnengegerbten Gesicht, höflich und galant. Ich empfand es als große Ehre mit ihm und seiner Truppe speisen zu dürfen. Das Fleisch schmeckte köstlich, die Beilagen frisch und lecker. Don Ernesto ergänzte die häufigen Trinksprüche mit Galanterien und Anekdoten für die Damen. Das Mittagessen erreichte seinen Höhepunkt, als er die Gitarre ergriff und romantische Balladen mit melodiöser Stimme ertönen ließ. Ich fühlte mich wie im siebten argentinischen Himmel! Alles war perfekt, bis mein Magen von Krämpfen geschüttelt wurde. Ich stand auf, um ein paar Schritte zu gehen, doch es wurde nicht besser. Schließlich musste ich die von meiner Freundin angebotene Schmerztablette einnehmen.

Nach der Siestazeit folgten wir dem guten Ernesto auf seinem stolzen Schimmel, um die Glanzstücke der Reiter zu bestaunen. Eine Weile genoss ich das Spektakel, doch dann wurde mir schummerig. Ich konnte die Augen kaum offen halten. Was zum Teufel war mit mir los? Normalerweise vertrug ich einiges an Alkohol. Als das Klatschen und bald danach auch das Sprechen bei mir wegblieb, reagierte Rosita voller Panik und schleppte mich zum Verwalter Roberto. Blitzschnell sattelte er vom Pferd auf seinen Jeep um und begleitete uns zum Bus. Ich wollte mich bei ihm und Don Ernesto bedanken, aber meine Zunge gehorchte mir nicht. Sie fühlte sich ganz pelzig an. Meine Freundin steuerte einen passenden Fensterplatz im Bus an, damit ich gestützt saß. Einige Passagiere warfen uns missbilligende Blicke zu als ich stotternd versuchte, Rosita meine Lage zu erklären.

„Der Gaucho – vielleicht – K.O. Tropfen im Glas ...“

„Ach, komm, Gringa. So schön bist du auch wieder nicht, um dem armen Ernesto schlechte Absichten unterzuschieben!“

Ich schwieg beleidigt. Sie tat das Gleiche, nachdem sie mit Hilfe ihrer Lesebrille die Tabletten in ihrer Tasche geprüft hatte. Erst am nächsten Tag traute sie sich mir zu gestehen, daß sie die Pillen verwechselt hatte. Statt Schmerzdragees erhielt ich von ihr eine hochdosierte Beruhigungstablette, die mich völlig aus der Bahn geworfen hatte … Bei der Ankunft in Mendoza musste sie mich grob wachschütteln und alleine nach einem Taxi Ausschau halten. Onkel, Tante und Hund warteten besorgt vor der Haustür und boten uns Matetee an. Doch ich steuerte direkt mein Bett an und versank im Schlaf.

So kläglich endete unser Ausflug zu den Gauchos. Was ich am meisten bedauere ist, dass durch die einschläfernde Wirkung der Tablette ich den besten Teil der Pferdeschau verpasst hatte und zwar, wenn die Gäule nach dem Rhythmus von deutschen Marschliedern tanzen!

ZUM DRECKLOCH - MEIN RESTAURANT

Hans Jürgen Kärcher

Heute Mittag hat Anna ein Restaurant eröffnet. In Anspielung an ein Ereignis in der vergangenen Woche hat sie es „Zum Dreckloch“ genannt. Es gab ein Menü mit einer Salatplatte als Vorspeise, Kaiserschmarren mit Apfelmus als Hauptgericht und Zitronenkuchen zum Nachtisch. Auch eine Getränkekarte hatten wir: Mineralwasser, Orangen- und Pampelmusensaft, Weißwein aus der Toskana und einen spanischen Rioja. Das Essen war gut, aber wichtiger war das Restaurant-Ambiente, das Anna perfekt herbeizuzaubern verstand. Das ganze erinnerte mich an unseren Urlaub vor zwei Jahren, als ich in Wattenheim das obere Zimmer renovierte und mir die eintönige Arbeit dadurch versüßte, dass ich mir in meiner Einbildungskraft die Einrichtung meines Restaurants in der Pfalz vorstellte.

Mein Restaurant kann bis zu achtzehn Gäste aufnehmen - maximal drei Gruppen zu je sechs Personen. Der Haupt-Gastraum mit zwei Tischen ist dort, wo jetzt die Küche ist. In das jetzige Wohnzimmer kommt der Empfangsraum mit Schankeinrichtung und kleiner Bar. Ein zweiter Gastraum - etwas abgelegener und für geschlossene Gesellschaften geeignet - kommt in das Pony-Ställchen. Ins Schlafzimmer kommt die Küche, mit direktem Zugang zum Keller als wunderbar feucht-kaltem Vorratsraum für Gemüse, Obst und Fleisch. Der erste und zweite Stock bleibt Wohnbereich für die Familie.

Im Sommer machen wir auch eine Straußwirtschaft auf, bei schönem Wetter im Hof, bei nicht so schönem Wetter auch in der Scheuer. Im ehemaligen Schweinestall richten wir eine Sommerküche ein, mit richtigem steinernem Backofen. Im Keller unter der Scheuer kommt der Wein und Käse unter. Im Dach der Scheuer bauen wir zwei schöne Fremdenzimmer, Kammern ganz in Holz mit einem zentralen Wohnbereich mit Nasszellen davor, der über eine Art Hühnerleiter erreicht werden kann. In ihm können Onkel und Tante wohnen, falls sie einmal nach Wattenheim kommen und sich nicht in der Nachbarschaft einquartiert haben. Ansonsten vermieten wir die Fremdenzimmer an nette Durchreisende oder Sommergäste.

Wer sind unsere Gäste? Unser ganzes Restaurant kombiniert auf angenehm schlichte Weise Bodenständigkeit mit Weltoffenheit. Bodenständig sind die eingeborenen Pfälzer und auch die zugereisten Wohlstands-Häuslebauer, möglichst die mit vielen Kindern. Weltoffenheit bringen die Geschäftsleute aus Mannheim und Ludwigshafen mit ihren internationalen Gästen und auch die Durchreisenden - Holländer und Franzosen - von der Autobahn. Dabei wollen wir ein Geheimtipp bleiben und unsere Gäste durch Empfehlung gewinnen.

Unser besonderer Vermarktungstrick ist die Zielgruppe der Hobby-Philosophen und Gärtner. Für sie veranstalten wir jeden Sommer je ein Ferienseminar auf der Altleininger Burg, für das wir international renommierte Veranstalter gewinnen. Auf philosophischer Seite Nachfolger von Sokrates, Rousseau und Schopenhauer, die reiche Banker, Anwälte und Ärzte in der Midlifecrisis ansprechen. Auf gärtnerischer Seite Nachfolgerinnen von Gertrud Jekyll und Vita Sackville-West, die auf die weiblichen Pendants der Banker, Anwälte, Ärzte angesetzt sind.

Wie organisieren wir uns? Natürlich stehe ich in der Küche und habe zwei einheimische Hilfen zur Hand. Empfang und Ausschank besorgen Rosi. Ebenso kümmert sie sich um das ganze Ambiente. Anna und Jo bedienen. Morgens wird nicht zu früh aufgestanden. Nach dem Frühstück und einer Stunde zur geistigen Fitness (Lesen, Bücher Schreiben) fahre ich mit meinem Off-Road zum Einkaufen. Ich habe mir einige einheimische Lieferanten gezogen, zB einen Bauern für naturbelassene Milchprodukte und Eier, einen für einheimisches Gemüse und Obst, einen Metzger und einen Bäcker. Samstags gehen Rosi und ich mit Leidenschaft auf den Wochenmarkt in Grünstadt. Für einige saisonale Spezialitäten habe ich meine geheimen Quellen, zB eine Pilz- und Kräuterfrau, eine Frau für Beeren und Marmeladen, einen Jäger und natürlich einen Winzer. Einiges kaufen wir auch beim Minimal, und auch das macht Spaß. Überhaupt ist das Einkaufen eine der Tätigkeiten, die am meisten Spaß machen beim Restaurant.

Einige Nahrungsmittel stellen wir selbst her. So backen wir zB einmal in der Woche Bauern- und Fladenbrot in unserem Steinofen. Zum Schluss wird er noch mit herrlichen Apfel-Nuss-Schnecken gefüllt, so wie Marie sie früher zubereitet hat. Kräuter ziehen wir in großer Vielfalt selbst in Rosis Park am Berg. Bei Spaziergängen mit den Gästen im Park werden auch Kräuterpflanzen verkauft. Im Spätsommer haben wir unsere eigenen, herrlich schmeckenden Gurken und Tomaten, die, die die Sonne von Osterhelds Opas Wingert gesehen haben. Langensteins betreiben noch die Bienenzucht am Berg und beliefern uns mit Honig. Im Herbst keltern wir unseren eigenen Apfelwein, aus dem Trester brennen wir unseren eigenen Calvados - etwas für harte Männer. Etwas milderen Zwetsch und Mirabell beziehen wir von unserem Obstbauern. Im Weinkeller gibt es eine Ecke, in der wir die Milch von unserem Bauern zu einem wundervollen Käse nach der Art von Münster zubereiten - unsere Referenz an das Elsass. Auch ein großes Sauerkraut-Fass und ein Salzgurken-Fass legen wir in jedem Jahr neu ein. Im Park am Berg halten wir eine kleine Schafherde (Pfälzer Landschaf) zum Betrachten und auch zum Schlachten und die Küchenabfälle werden an die Kaninchen verfüttert, die anschließend wieder in Form von Kaninchenrücken und Schenkeln in der Küche recycelt werden. Im Spätherbst, wenn das Wetter schlecht wird, machen wir das Restaurant zwei Wochen zu und fahren in die Toskana nach Gello und holen dort Olivenöl und Vernaccio, um ab und zu südländisches Flair in unser Restaurant zu zaubern.

Normalerweise machen wir unser Restaurant erst nachmittags auf. Dann füttern wir vielleicht und nebenher ein paar Kaffee-Gäste ab, mit unseren wunderbaren Schneckennudeln oder den Torten, mit denen uns Ruth versorgt hat. Aber das ist nicht der Hauptzweck unseres Restaurants. Nachmittags bereite ich mit meinen Helferinnen die Speisen für abends vor, und Rosi macht während dieser Zeit die Buchführung oder ist im Garten am Berg. Sie hat inzwischen gelernt, den Computer zu bedienen. Abends kommen dann die Gäste, wenn's geht Vorbestellte, aber wir sind auch so flexibel, spontane Besucher zu verkraften. Jede Speise, die wir servieren, soll eine Geschichte erzählen. Entweder von den einheimischen, irdischen Paradiesen oder von der weiten Welt. Dazu nehme ich mir so viel Zeit, mich nach dem Essen zu meinen Gästen zu setzen und von meinen Gedanken zu den Speise zu erzählen: philosophische Ergüsse oder Anekdoten von den zugehörigen Weltreisen. Rosi übernimmt das Lokale und hat vorher beim Empfang die Gäste auf die Stimmung in unserem Restaurant eingestellt. Von der Bedienung durch Anna und Jo sind sie ganz begeistert. So zahlen sie willig zum Schluss einen angemessenen Betrag und empfehlen uns zuhause weiter.

Wir haben von Mittwoch bis Samstag geöffnet. Sonntag bis Dienstag ist Ruhetag, „man darf's ja auch nicht übertreiben". Zur warmen Jahreszeit machen wir aber noch unsere Straußwirtschaft auf. Sie öffnet schon um elf und ist auch sonntags in Betrieb. In ihr gibt es einfache, aber umso leckerere Speisen zu einem Glas Wein oder Schorle oder auch einem Kaffee, für Ausflügler und ein paar Stammgäste.

Wie rechnet sich das? Bei einem durchschnittlichen Umsatz pro Gast von fünfzig Mark und zwei Drittel Besetzung der Tische jeden Abend ergeben sich 120 TDM Umsatz im Jahr. Nehmen wir noch 30 TDM für die Straußwirtschaft und 30 TDM für die Zimmer (bei Zimmerpreisen von 80 Mark für das Doppelzimmer), so sind wir bei einem Gesamtumsatz von 180 TDM pro Jahr. Ganz schön, aber davon müssen wir ja auch all unsere Ausgaben bezahlen, wie Kosten für die Nahrungsmittel, Strom und Wasser; Abschreibungen für Investitionen und Mieten; Gehälter für die Küchenhilfen; Steuer, Krankenkasse und Gebühren; und für uns und die Kinder soll ja auch noch etwas übrig bleiben. Man sieht, das artet in Arbeit aus. Aber wir haben ja noch Rente und Pension, und vielleicht machen wir das ganze ja nur als Hobby. Oder ist es am Ende nur ein Luftschloss?

DAS DUELL ZWISCHEN ESSIG UND ÖL

Rosie Cordsen-Enslin

Am Vorabend eines festlichen Mittagessens mit geladenen Gästen fing die Köchin mit den ersten Vorbereitungen an. Sie holte die kristallgeschliffene Menage aus dem Schrank und füllte die Behälter mit Essig und Öl. So kam es, dass die ewigen Kontrahenten die ganze Nacht damit verbrachten, sich gegenseitig Vorwürfe und Beschimpfungen an den Kopf zu werfen. Der Essig, vom Charakter her schon ein säuerlicher Typ, zeigte seinen Unmut, als er das Öl entdeckte.

„Verdammt! Woher kommt dieser Fiesling?!"

„Wer wagt es, mich einen Fiesling zu nennen?! Dem säuerlichen Geruch nach müsste es sich um meinen uralten Feind, den Essig, handeln!"

„JA, mein Name ist Essig und ich bin stolz darauf. Die Köchin, diese dumme Gans, hat uns zusammengebracht, als ob sie nicht wüsste, was für ein Fiesling du bist. Ein Lakai mit öligem Charme, der allen gleich dient, ohne auf gesellschaftliche Klassenunterschiede zu achten. Alle die zu deiner Familie gehören, sind unterwürfig und schmierig, so wie deine Verwandte, das Rizinusöl, das Rapsöl und vor allem dieser unausstehliche Lebertran!"

„Das nenne ich Rufmord, du Säuerling. Es ist weltweit bekannt, dass unsere Familie von Adeligen abstammt, und dass sie im Laufe der Jahrhunderte im Bereich der Nahrung, Medizin und Technik großartige Leistungen erbracht hat. In Italien werden wir dank der Reinheit unseres Blutes

„olio virgine“ genannt, was man gewiss nicht von deiner Familie behaupten kann, in der es sogar chemische Bastarde gibt!“

„Halt! Erstens, stamme ich von den allerbesten Reben ab und zweitens, wenn einer von Reinheit sprechen darf, dann bin ich das! Es ist amtlich durch die Bibel bestätigt, dass Jesus für die rituellen Fußwaschungen ausschließlich Wasser und Essig benutzte. Später haben Ärzte entdeckt, dass Essigwickel wunderbar gegen Entzündungen helfen, und dass sogar der Cholesterinspiegel durch ein tägliches Glas Wasser mit Apfelessig reduziert werden kann!“

„Ach! Das sind nur Gerüchte. Aber wenn du schon Jesus erwähnst, hast du vergessen, dass Maria Magdalena einen Flakon Balsamöl liebevoll über sein Haupt gegossen hat? Das beweist doch die heilbringende und beruhigende Wirkung von Öl! Und was sagst du zu der erfrischenden und belebenden Wirkung von Aromaölen? Und wer, bitte schön, tröstet die Sterbenden bevor sie ihr Leben aushauchen? Keine andere als meine Patin, die „Letzte Ölung“. Da bist du baff, was?“

„Also gut, du Fettwanst. Du kannst aber nicht leugnen, dass du der Hauptschuldige bei Übergewicht bist, und dass deine kulinarischen Exzesse die menschlichen Organe Leber und Galle bös malträtieren!“

„Und duuu? Hast du noch nie bemerkt, was für ein saures Gesicht die Menschen machen, wenn sie Weinkraut, Essiggurken oder marinierten Hering kosten?“

So ging es weiter bis zum nächsten Morgen als die Köchin kam. Für die Vorspeise kochte sie Spargel, den sie kalt auf den Tellern anrichtete. Dazu wollte sie eine Soße reichen. Sie nahm die Menagekaraffen, und ohne auf die Protestschreie von Essig und Öl zu achten, vermengte sie beide, streute Salz und Pfeffer darüber und verrührte das Ganze kräftig mit der Gabel. Dabei überhörte sie geflissentlich die gedämpften Wehlaute vom Öl und die schrillen Schreie vom Essig, bis beide, nolens volens, zu einer schaumigen Vinaigrette verquirlt wurden!

DAS ENGLEIN

Aus ‚Ein Engel für dich'

Alfred Landmesser

Ein Steinmetz mühte sich die Fassade des Doms zu Frankfurt hinauf, um nach dem Rechten zu sehen. Plötzlich rief er aus: „Ist es denn wirklich wahr?! Ich sehe einen Engel!"

Doch bei diesem Engel handelt es sich um ein kleines Kunstwerk aus Sandstein. An hellen Tagen kann man ihn auch von unten her sehen. Der Schmutz vieler Jahre aber hatte ihm die Augen verschlossen, und so rückte der Steinmetz etwas näher heran und kratzte ihm behutsam die Äuglein frei. Das Englein atmete zweimal tief, blickte munter in die Runde und jubelte: „Mein Gott, wie hat sich die Welt verändert! Kirchen, Kirchen wohin ich auch sehe! Sie ragen in den Himmel aus Glas und aus Stein!"

Der Meister sah sich veranlasst, die Begeisterung etwas zu bremsen: „Hochhäuser sind es, Engelchen, nicht Kirchen. Büros, Wohnungen, Hotels, Banken. Viele Banken."

Und eine der Tauben, die ein wenig oberhalb saßen, fügte hinzu: „Die Fassaden sind glatt. Glatt von oben bis unten. Selbst zum Beschmutzen sind sie nicht zu gebrauchen." So, genauso drückte sie sich aus und flog davon. Ja, und da hatte der kleine Engel wieder nur noch ein Auge frei. Der Steinmetz fand das recht ungehörig und bot sich an, den Schaden zu bereinigen.

„Ach lass nur", sagte das Englein enttäuscht, „was soll's, wenn ich in eine Welt blicke, in der die Banken die Kirchen weit überragen."

Nun entfernte sich auch die zweite Taube, und sogleich war es wieder finster um das Engelchen. Es kehrte – ach liebend gern – zurück ins Dunkel der Geschichte.

FREDI

Aus ‚Grüß Gott, Großvater, ich bin's'

Alfred Landmesser

Als ich etwa vier Monate alt war, kamen Großvater Ferdinand und Großmutter Römhild zu einem Kaffee-Nachmittag vorbei. Sie kamen mit der Bahn, denn ein Auto besaßen sie damals noch nicht. Wir übrigens auch nicht. Nach der herzlichen Begrüßung und zwei Tassen Kaffee, je einem halben Stück Torte für meine Mutter und die Oma, beziehungsweise zwei ganzen für meinen Vater und zweieinhalb für Opa, gab es eine kleine Auseinandersetzung wegen des restlichen halben Stücks. Wohl darüber, wer es bekommen sollte, wobei auch einige laute Worte meines Vaters fielen. Daraufhin schrie meine Mutter: „Linus, du bist ein ebensolcher Schreihals wie dein Sohn!" Damit war ich gemeint, und das eigentliche Problem war nun auf dem Tisch. Meine Mutter berichtete nämlich aufgeregt, dass sie nicht mehr den Mut aufbringe, mich mit dem Kinderwagen spazieren zu fahren, da ich derart laut durch die Straßen brülle, dass die Menschen zusammenliefen, um sich zu erkundigen, was mir denn fehle. Erst im Park gäbe ich Ruhe, aber das bringe dann ja auch nichts, weil das Geschrei auf dem Heimweg dann doch das gleiche sei. So könne sie mich also nur noch im Garten abstellen.

Großvater ging sofort hinaus in den Garten, wo ich ihn wie immer anstrahlte. Er konnte einfach nicht glauben, dass ich ein Schreihals der übelsten Sorte sei, holte sich bei meiner Mutter eine entsprechende Genehmigung ein und fuhr mit mir los. Aber er hatte sich getäuscht. Kaum waren wir auf der Straße, da brüllte ich los, als ginge es mir an den Kragen. Doch Opa ließ nicht locker, fuhr weiter, beantwortete alle Fragen nach meinem Wohlbefinden mit: „Es geht ihm gut. Das hat nichts zu sagen. Das hat er halt geerbt.“ Er schlug sich mit mir bis zum Park durch, setzte sich auf eine Bank und stellte mich unter einen Baum. Ich strahlte ihn an, bis er mit mir den Rückweg antrat. Kaum aus dem Park gekommen, schrie ich erneut los und bekam dabei einen fürchterlich roten Kopf. Schnell wendete er den Wagen und eilte in den Park zurück, wo ich wieder strahlte. Opa Ferdinand hatte wohl eine halbe Stunde auf der Bank gesessen und überlegt, als ihm plötzlich der entscheidende Einfall kam, dessen Richtigkeit er auch sofort überprüfte. Er schob mich auf die Straße - ich schrie. Er schob mich unter die Bäume - ich strahlte. Dann das alles noch einmal. Aha! Anschließend ging er zu einem Busch, knickte einen Zweig ab, band ihn am Verdeck des Kinderwagens fest und zwar so, dass ich ihn über den Augen hatte, und fuhr dann erneut mit mir auf die Straße. Und? Ich strahlte, ich strahlte, bis wir daheim waren.

Und so band denn auch meine Mutter Tag für Tag einen Zweig an den Kinderwagen und fuhr fröhlich mit mir durch die Straßen, und die Nachbarn meinten: „Ist er nicht ein netter kleiner Fratz!?“

Der nächste Besuch von Opa Ferdinand und Oma Römhild folgte an meinem ersten Geburtstag. Dieser Tag ist ein unvergesslicher für die beiden und die ganze Familie geworden. Es war der Tag, an dem mir erstmals das Gehen gelang. Oder das Laufen, so sagt man wohl allgemein. Es geschah fast unbemerkt, lediglich Opa Ferdinand hat das große Ereignis mit eigenen Augen gesehen.

Meine Eltern und der Besuch hatten sich zur Feier meines Geburtstages nach dem Kaffeetrinken Likör in die üblichen kleinen bunten Gläser eingeschüttet und auf mich angestoßen. Nur die Oma, wie sie nun mal ist, wollte nicht mittun, täuschte vor zu trinken, stellte aber ihr Gläschen heimlich auf den Tisch vor der Couch hinter eine Blumenvase. Großvater hatte mir statt des Likörs einen Bonbon zugesteckt, den ich sofort in den Magen beförderte. Für langes Kauen war ich wohl nicht zu haben. Dann legte er einen zweiten Bonbon auf den Couchtisch, nahm mich vom Arm, stellte mich auf den Fußboden, etwa zwei Meter vom Tisch entfernt, hielt mich an beiden Händen fest, ließ mich dann aber plötzlich los und flüsterte, ohne dass es die anderen hören konnten: „Fredi, geh! Hole dir den Bonbon!" Ich machte mich auch tatsächlich tapsig auf den Weg. Am Tisch angekommen entdeckte ich Omas Gläschen Likör, das so schön rot funkelte, schnappte es mir, trank es in einem Zug aus und rang dann verzweifelt nach Luft. Die Geburtstagsgesellschaft lief zusammen, um mich zu retten, doch Opa Ferdinand rief laut: „Er kann laufen! Er kann laufen! Fredi kann laufen!" Meine Mutter riss mir das Gläschen aus der Hand, was mich wohl rettete, denn aus Ärger darüber ging mein Ringen nach Luft in Schreien über.

Nach Klärung des Vorgangs bekam die Oma von meiner Mutter ‚eins auf den Deckel', weil sie das Glas so unbedacht dort hatte stehen lassen, der Opa, weil er nicht gut genug darauf geachtet hatte, was ich so trieb und mein Vater, weil er unbedingt der Meinung gewesen war, man müsse schon am ersten Geburtstag eines Menschen mit Alkohol anstoßen. Die Folge davon war, dass unsere Besucher dann wieder für längere Zeit ausblieben. Zu meinem zweiten und dritten Geburtstag erhielt ich lediglich eine Geburtstagskarte, an die ich mich allerdings nicht erinnern kann. Das liegt sicherlich daran, dass man mir verständlicherweise bis zu diesem Zeitpunkt noch nicht das Lesen beigebracht hatte.

FREIGANG

Robert Axt

Wenn man, gegen die sonstige Gewohnheit,
abends nach den Nachrichten, nachdem man
schon eine ganze Weile gemütlich gesessen
hatte, ein plötzliches Bedürfnis verspürt,
nach draußen zu gehen,
um einen Spaziergang im spärlich gefallenen
ersten Schnee des Winters zu machen,
wenn man vorher noch Holz für das
Kaminfeuer holt und etwas zu trinken für
die Gattin, wenn man dann aber doch
nachdenkt, ob es denn überhaupt schicklich
wäre, ganz alleine bei Dunkelheit das Haus
zu verlassen, was den Nachbarn ja Anlass
zu allen möglichen Kombinationen geben
könnte, wenn man, noch schwankend, überlegt,
ob man die Schritte hinaus, durch die Straßen
mit den vorweihnachtlich illuminierten Häusern
oder doch eher ins freie Feld lenken sollte,
wenn man sich zu derlei Betrachtungen an
seinen Schreibtisch setzt, eine Kerze anzündet
und durch das Fenster auf eine Lichterkette
schaut, welche die Form einer Brillenschlange
hat, wenn man dann, immer noch unschlüssig,
Bleistift und Papier zur Hand nimmt,
um diese Gedankengänge festzuhalten
und dabei schließlich doch der Entschluss reift,
einen Kompromiss zu wählen und anstelle
vor die Haustür und so gewissermaßen
in die Öffentlichkeit zu treten,
einen weniger verfänglichen Weg wählt,
den nämlich durch die hintere Terrassentür,

wenn man sich dann vorstellt,
die Gartenschuhe anzuziehen und,
zwar unbeabsichtigt aber doch de facto
wie ein Sträfling einige Runden
im Garten zu drehen, als sei man
ein Freigänger, dann kommt man sich
wegen des gefundenen Kompromisses
ziemlich schlau vor.
Wenn man dann aber, hinaus auf die Terrasse
tritt, die vorne schneeglatt ist, sich, froh über
den gefassten Entschluss, die Gartenschuhe
wirklich anzieht und wenn man dann feststellt,
dass beide Nachbarsgärten keinesfalls dunkel,
ruhig und menschenleer sind,
sondern im Gegenteil,
es auf der einen Seite taghell erleuchtet ist
und wegen des Hundes gepfiffen und gerufen
wird und auf der anderen Seite,
wenn auch im Dunkeln,
Gesprächsfetzen zu hören sind,
dann reut einen doch der Mut,
sich nach draußen auf den nur dürftig
verschneiten Rasen begeben zu haben.
Man sucht stattdessen einen weiteren
Kompromiss, geht betont langsam nach hinten
bis zum Zaun, schaut bedeutungsschwer
über die Äcker, dann über die Straße
bis zum Wald, vor dem ein breites, flaches
Bauwerk errichtet wurde
und fühlt sich weder gut noch schlecht.

GORDIOS

Robert Axt

Wir möchten ewig leben,
zuweilen wär' das schön,
weshalb wir uns umgeben
mit Töchtern oder Söhn'.

Doch weil wir Kinder haben,
das sagt die Logik kalt,
ob Mädchen oder Knaben,
sind wir nur Gast bis bald.

GRÜNE SOSSE
EIN MÄRCHEN AUS DER WETTERAU

Hans Jürgen Kärcher

In Karben lebte einst zur Zeit Helmut Kohls ein Banker namens Achim. Er wurde jeden Morgen von seinem Fahrer in einem dicken Mercedes von seinem Haus in Petterweil abgeholt und nach Frankfurt in die große Stadt mit den glitzernden Wolkenkratzern gefahren, wo die vielen jungen Leute in dunklen Anzügen, mit Designer-Brillen auf der Nase, sich um die Geldgeschäfte von Deutschland kümmerten. An einem dieser Paläste stieg er aus, begrüßte den Pförtner in der Eingangshalle mit einem kurzen Hallo und fuhr mit dem Scenic-Elevator in den 28ten Stock. Seine Sekretärin, eine mit Goldklunkern behängte Dame mittleren Alters, etwas zu grell geschminkt und mit gestylter Frisur, ein bisschen ein Drache, die eifrig ihre Position gegen jüngere Konkurrentinnen verteidigte, begrüßte ihn mit „Guten Morgen, Herr Direktor“. Er grüßte etwas brummig zurück und verschwand schnell in seinem Chefzimmer. Sie wird den Tag über den Zutritt zu ihm und auch telefonische Kontakte mit ihm gegen allzu aufdringliche Mitarbeiter, Kunden und sonstige lästige Mitmenschen streng überwachen und verteidigen. Von seinem Schreibtisch aus, der aus Mahagoni, Marmor und Glas besteht, und auf dem neben der Telefonanlage nur ein goldener Füllhalter-Set, dessen Wert dem Wert der damit unterschriebenen Dokumente entspricht, und eine lederne Unterschriftenmappe mit der Goldprägung „Direktor Cirsix“ liegt, hat er einen weiten Überblick über die Stadt in die Wetterau hinaus, dort, wo seine Frau Viola gerade die letzten Krümel vom Frühstückstisch wegfegt und sich in den Garten begibt, um die Kräuter zu pflegen.

Als sie noch jung waren, und er Student der Betriebswirtschaft an der Frankfurter Universität, hatte er sich heiß in sie verliebt. Sie studierte an der Städelschule die Schönen Künste und hatte Sinn für das Äußerliche, für sich selbst, Kleider, Schmuck und ihren Körper. Er hatte mehr Sinn für das Innere, Erfolg, Geld, Macht und gutes Essen. Und das ergänzte sich gut. Und so machte er schnell das Diplom und sie heirateten. Sie hörte auf zu studieren und sie bauten außerhalb Frankfurts, in der Schlafstadt Karben, wo die Preise noch angemessen waren, ein Haus und bekamen viele Kinder. Er machte schnell Karriere bei der Bank (der Bank, für die 50 Millionen Peanuts sind), und je mehr Kinder sie bekamen, desto weniger war er zuhause. Die Kinder schickten sie in die Waldorfschule und zum Schluss waren es sieben. Sie bekamen alle schöne anthroposophische Kräuternamen: Aethusa, Allia, Anthrisca, Lepida, Pimpinella, Symphytica und Rumex. Nur Rumex, der Nachzügler, war ein Junge, die anderen waren alle Mädchen. Sie hatten lange auf ihn warten müssen.

Die Kinder wuchsen auf und gediehen, die Mädchen waren prächtig und fanden schnell junge Männer, die sie mit in die weite Welt nahmen. Nur Rumex hatte weniger Glück, er kam von der Mutter nicht los und mit dem Vater nicht klar, und so landete er in der Gosse. Manchmal saß er vor der Bank mit einem Pappschild in der Hand, darauf stand: Karlheinz wünscht Direktor Cirsix eine erfolgreiche Woche. Rumex konnte nämlich seinen Waldorf-Vornamen nicht leiden und nannte sich daher bei seinen Freunden von der Straße lieber Karlheinz. Achim war es natürlich lästig, dass sein Sohn in so einem Aufzug vor der Bank saß und er sah schnell weg. Sonst wurde er von Rumex nicht belästigt. Der holte wöchentlich bei der Sparkasse seinen

Unterhalt ab, der Bank von „Direktor Cirsix" war „Karlheinz" nicht zuzumuten.

Als die Töchter aus dem Haus gingen und Viola älter wurde und sich Fältchen um die Augen und am Hals zeigten, die nicht mehr zu leugnen waren, und als Cirsix immer später nachhause kam, engagierte sich Viola immer mehr in ihrem Garten. Sie lass englische Gartenbücher und die zugehörigen englischen Schriftstellerinnen, und legte sich einen englischen Kräutergarten zu, schön in Kreuzform mit in Buchs eingefassten Beeten und Kieswegen und in der Mitte eine Granitsäule mit einer Sonnenuhr darauf. In ihm war sie den größten Teil des Tages mit ihrem englischen Inox-Spaten und Kleidern, in denen sie wie Gertrud Jekyll aussah. Dabei hätte sie eigentlich lieber wie Virginia Wolf ausgesehen. Im Kräutergarten zog sie Küchenkräuter: Borretsch, Kresse, Kerbel, Schnittlauch, Sauerampfer, Pimpinelle und Petersilie.

Eines Tages, als Cirsix wieder an seinem Schreibtisch saß und über die Stadt und die Wetterau blickte, überkam ihn ganz plötzlich der große Frust. Wozu war das eigentlich gut, er in der Bank sitzend, abgeschirmt von der Außenwelt, zwar das Gefühl von Macht und Reichtum, aber arm das Seelenleben? Und sein Körper baute langsam ab, vom vielen Sitzen und Bewegungsmangel war sein Kreislaufsystem ganz mürbe geworden und um den Bauch herum hatte sich eine schlabberige Speckschicht gebildet, und Viola war allein zuhause, einsam, unerfüllt und traurig, falls sie zu solchen Gefühlsregungen überhaupt noch in der Lage gewesen wäre.

Wo waren all die Jahre geblieben, wo war ihre Liebe geblieben?

Plötzlich fasste er einen Entschluss. Er ließ den Mercedes Mercedes sein, und den Chauffeur Chauffeur, rannte unten an Rumex vorbei, ohne ihn überhaupt wahrzunehmen, und lief zur S-Bahn-Station Westbahnhof. Mit der S6 fuhr er nach Groß-Karben. Er hatte das noch nie gemacht und es gefiel ihm. Es waren zwar ein paar heruntergekommene Skinheads in seinem Abteil, aggressiver wie Rumex, und sie lästerten über sein Banker-Outfit. Aber da er ja gerade selber zu der Erkenntnis der Sinnlosigkeit seines eigenen Lebens gekommen war, hatte er ein gewisses Verständnis für die Jugendlichen, wo sollten sie den die Sinnfindung anders hernehmen als mit Randale in der S-Bahn. Und so ließen sie von ihm ab und schlitzten weiter die Bänke in der 1ten Klasse auf. In Groß-Karben stieg er aus und lief zu Fuß über den Toom-Markt am Berufsbildungszentrum vorbei nach Petterweil. Viola war wieder im Garten und zupfte Kräuter. Zuerst war sie sehr erstaunt, aber dann freute sie sich und es war fast wie in jungen Jahren. Ein ganz zartes Liebespflänzchen ging auf in ihrem Herzen, und sie dachte an früher, wie sie mit den Rädern nach Bergen gefahren sind zum Äpfelwein und dazu Grüne Soße mit Kartoffeln und hartgekochten Eiern gegessen hatten. Und auf einmal kam Viola der Gedanke, dass sie ja all die Kräuter in ihrem Garten hatte und auch noch ein paar Eier im Kühlschrank und neue Kartoffeln im Gemüsefach und sie ging in den Garten und zupfte die Kräuter in einen großen Spankorb, den sie über einen Versandhandel aus England teuer bezogen hatte. In ihrer neuen Küche mit Edelstahl-Spülbecken und Corian-Arbeitsplatte, im letzten Jahr für den Gegenwert des Mercedes, mit dem Cirsix immer zur Bank fuhr, neu eingerichtet, wusch sie die Kräuter, tropfte sie auf einem Küchentuch ab und hackte sie in der Küchenmaschine klein. Dazu etwas mildes Pflanzenöl, Salz, etwas Essig und Joghurt. Dann kochte sie vier Eier schön hart, dazu die Kartoffeln. In einer halben Stunde war alles fertig. Cirsix hatte in der Zeit einen Cognac getrunken, der seine Melancholie etwas milderte. Viola deckte auf der Terrasse rustikal den Tisch, mit dem Wirtshausgeschirr aus ihrer Studentenzeit, das mit dem blauen Rand, dazu Äpfelweingläser. Im Keller entdeckte sie noch eine Flasche Poßmanns, dazu zum Spritzen Kaiser Friedrich Quelle. Cirsix und Viola setzten sich an den Tisch, ihr war ganz warm ums Herz und sie gab ihm ganz zart einen Kuss auf den Mund. Vor Aufregung konnte sie gar nichts essen, während er einen großen Hunger hatte und sich mit Appetit ans Essen machte. Im Nu hatte er seine zwei Eier und eine ordentliche Portion Kartoffeln mit grüner Soße gegessen. Plötzlich wurde er ganz bleich und verzerrte schmerzvoll sein Gesicht. Er fing laut zu stöhnen an und dann zu schreien, es wurde immer schlimmer. Dann verlor er das Bewusstsein und er sackte auf der Teak-Bank in sich zusammen. Viola war ganz außer sich und rief gleich mit dem Handy den ASB an. Er wurde schnell abgeholt und ins Unfallkrankenhaus nach Eckenheim gebracht. Dort stellte man seinen Tod fest, wusste aber zunächst überhaupt nicht, an was er gestorben war. Dann stellte man in seinem Blut „Bryonia Dioica“ fest, ein starkes pflanzliches Gift, das auch in heimischen Kräutern, zB der Zaunrübe vorkommt, und langsam erhärtete sich der Verdacht, dass in der Grünen Soße, die Viola ihm bereitet hatte, nicht nur die Standard-Kräuter Borretsch, Kresse, Kerbel, Schnittlauch, Sauerampfer, Pimpinelle und Petersilie enthalten waren, sondern dass sich auch Bryonia Alba, die weiße Zaunrübe, daruntergemischt hatte. Und an deren starkem Gift ist Cirsix gestorben. Viola wusste nicht, wie ihr geschah, das kleine zarte Pflänzchen in ihrem Herzen war endgültig verdorrt.

Und dann die bösen Nachbarn, die herumerzählten, sie habe Cirsix absichtlich vergiftet, und die machten die Polizei auf den Vorfall aufmerksam, und so wurde sie auch noch verhört. Aber der Untersuchungsrichter nahm ihr ab, dass sie es nicht absichtlich getan hatte, sondern die Zaunrübe mit dem Sauerampfer verwechselt hatte. Und so kam sie wieder frei und war ganz allein in ihrem Hause. Sie ließ sich aber nicht gehen, sondern hatte von ihren Eltern einen starken Überlebenswillen geerbt, und so widmete sie sich immer mehr dem Garten. Sie wurde auch immer perfekter und eine Pflanzenverwechslung ist ihr nie mehr passiert. Ab und zu kam eine der Töchter mit dem jeweiligen Schwiegersohn und einigen der vielen Enkelkinder auf der Durchreise vorbei, und die bekamen dann immer einen Korb Grüne-Soße-Kräuter, garantiert ohne Zaunrübe. Und der Sohn zog schließlich zu ihr, er bekam nicht nur was zu essen, sondern auch seine Kleider gewaschen. Und so wurde sie sehr alt und schrumpelig, nur Cirsix grollte ihr ab und zu vom Himmel aus, dass sie ihn so lange überlebte und gar nicht von ihm abhängig war. Aber über die schöne Rente von der BfA und der Bank war sie ihm natürlich zeitlebens dankbar.

EIN HECKENRÖSCHEN

Aus ‚Rosen an meinem Weg'

Alfred Landmesser

An einem der ersten wirklichen Sommertage zog es mich hinaus ins Freie, hin zu einem kleinen Flüsschen, das sich nicht weit entfernt durch die Felder und Wiesen schlängelt. Ich schlenderte langsam am grün bewachsenen Ufer entlang und kam schließlich zu einer Bank, die vor einem Heckenrosenstrauch stand. Dort setzte ich mich nieder, sah in den blauen, wolkenlosen Himmel und schloss dann die Augen, um ein wenig vor mich hinzuträumen.

Da hörte ich plötzlich eine zarte Stimme hinter mir: „Hallo!“, vernahm ich.

Ich öffnete die Augen, drehte mich um, sah aber nichts, als den Busch mit Heckenrosen.

„Ich möchte gern, dass wir uns kennenlernen“, sprach das Stimmchen weiter, „möchtest du das auch?“

Ich besah mir all die Rosen, und mein Blick fiel schließlich auf eine besonders liebliche. Die schien zu lächeln. Eines ihrer Blütenblätter bewegte sich ein wenig hin und her, als winkte sie mir. Das musste sie sein!

„O ja“, antwortete ich, „wer möchte eine so wunderschöne Rose nicht kennenlernen. Du gefällst mir. Du siehst entzückend aus in deinem rosaroten Kleidchen.“

„Ich gefalle dir? Und ich sehe entzückend aus? Es freut mich sehr, dass du das findest.“

Mir schien, dass ihr Rot etwas dunkler wurde.

Ich wurde neugierig: „Hast du einen Namen?“

„Nenne mich einfach Dornröschen“, kam als Antwort. „Wenn du mit deinem Kopf etwas näher kommst, wirst du auch feststellen, dass ich schön dufte.“

Ich stand auf und kam mit meiner Nase ganz nah an sie heran. „O ja, du duftest herrlich. Lieblich möchte ich sagen.“

„Du bist mit deinem Mund so nah bei mir, findest mich schön, ich gefalle dir, warum also küsst du mich nicht?“

„Ich soll dich küssen?“ Ich überlegte kurz. Weshalb eigentlich nicht? Ich beugte mich noch weiter vor, gab der schönen Heckenrose einen Kuss und sagte: „Du hast einen wunderbar zarten Mund.“

„Danke für den Kuss. Er hat mir gutgetan.“

Dann lachte ‚Dornröschen‘, und das verwirrte mich.

„Was gibt es zu lachen?“

„Du bist gelb.“

„Gelb?“

„Du hast Blütenstaub an den Lippen.“

Da lachte auch ich und wischte mir über den Mund.

„Woher kennst du das Küssen?“, fragte ich dann.

„Oh“, meinte da das Röschen, „es sitzen hier auf der Bank oft eine Frau und ein Mann, haben sich lieb, und sie küssen sich dann. Das sind Liebespaare.“

„Du bist ja ganz schön schlau“, gab ich zurück, „und das gefällt dir?“

„Aber ja. Du bist allein, darum habe ich dich einfach gefragt, ob du mich küsst. Nun sind wir auch ein Liebespaar."

„Langsam, langsam!", erwiderte ich, „du bist eine Rose und ich ein Mensch. Das geht nicht."

„Das geht nicht? Weshalb? Das geht! Ein junger Mann sagte zu seiner Frau hier auf der Bank: „Du bist die schönste Rose, die es auf der Welt gibt. Ich liebe dich."

„Ja nun"; versuchte ich zu erklären, „der Mann wollte der Frau damit sagen, dass sie so schön sei wie eine Rose. So schön wie du."

Da lächelte das Röslein. Aber dann wurde es sehr traurig. „Was nun?", fragte es, „ich mag dich doch."

Ich strich sanft über die zarten Blütenblätter und versuchte es zu trösten: „Sieh mal, mitunter ist es halt so, dass zwei nicht zusammenpassen. So wie wir beide. - Dich könnte ich nicht einmal mitnehmen, da du verwelken würdest. Dann wäre keiner von uns glücklich. Oft fällt es schwer, das dann einzusehen. Und man muss vielleicht sogar weinen."

„Weil einer eine Rose ist und der andere ein Mensch?"

„Oder, wenn beide Menschen sind und trotzdem nicht zusammenpassen."

Die Heckenrose schaute mich lange wortlos an. Sehr lange. Dann hörte ich wieder ihre zarte Stimme, die aber dieses Mal nicht so fröhlich klang: „Tu mir einen Gefallen", sagte sie, „küsse mich noch einmal. Und wenn du wieder einmal spazieren gehst, dann nimm bitte einen anderen Weg. Ich wäre immer sehr traurig, dich zu sehen."

Sie mochte mich wirklich sehr. Ich sah, dass sie weinte.

Doch, was sollte ich tun? … Ich küsste sie noch einmal und ging traurig einen anderen Weg.

Aber ich habe sie wiedergesehen. Monate später. Es war Herbst, es war die Zeit, da die Blätter fallen. Ich begab mich vorsichtig in die Nähe des Heckenrosenstrauchs. Und da sah ich die strahlendroten Früchte, und es waren ihrer viele. Aber eine leuchtete weit heller in der Herbstsonne, weit heller, und das konnte nur sie sein, die wunderschöne Heckenrose von damals. Und da wusste ich, dass sie zufrieden und glücklich war.

HERR NIX

Aus ‚Vor Verbrauch schütteln oder so'

Alfred Landmesser

Erbtante Henriette rief regelmäßig am Montagmorgen ihren Neffen Ferdinand von Dörrnefeldt an und stauchte ihn zusammen.

So habe er zum Beispiel in der Woche davor ihren Rasen nicht ordentlich gemäht, denn sie habe noch acht lange Halme entdeckt, und die Flaschen der Limonade, die er ihr besorgt hatte, besäßen rote Verschlüsse statt der grünen, die sie doch so mag. Am Sonntag habe er sie trotz ihres Hustenreizes nicht besucht, die Schuhe, die er vom Schuhmacher für sie abgeholt hatte, habe er an einen falschen Platz im Schuhschrank untergebracht - dies alles in einer Woche, und sie erwartet, dass es in der nächsten besser werde. Anschließend zählte sie dann stets auf, was in der kommenden für sie zu besorgen sei, und sie könne wohl korrekte Erledigung erwarten, denn sie sei nun in einem Alter, in dem sie endlich ruhige Tage mit Tee und Gebäck auf ihrem Sofa verbringen möchte.

Herr von Dörrnefeldt hatte eines Tages die Nase voll. Das Telefon klingelte am Montagmorgen, und er ignorierte das einfach. Es klingelte nochmals und nochmals, schließlich nahm er den Hörer ab und sagte erbost einfach nur: „Nix da!"

‚Nix?' Erbtante Henriette war irritiert: „Ich habe doch richtig gewählt. Herr Nix, was wollen denn Sie in der Leitung?"

„Oh", dachte Herr von Dörrnefeldt, „das kann heiter werden." „Wer ist denn dort?", fragte er schmunzelnd.

„Hier ist Henriette von Dörrnefeldt- Eckstein. Ich wollte meinen Neffen, den Herrn von Dörrnefeldt sprechen. Ist er dort anwesend?“

„Sie sind tatsächlich Henriette von Dörrnefeldt-Eckstein!?", rief Herr von Dörrnefeldt, „ich habe schon so viel über Sie gehört, gnädige Frau!“

„Sie kennen mich, Herr Nix?“

„Oh, ich kenne Sie sehr gut. Ich habe Sie schon oft gesehen. Ich wollte schon immer einmal ein Gespräch mit Ihnen führen, in dem ich Ihnen all das sagen könnte, was mir auf der Seele brennt, liebe Frau", sagte Herr von Dörrnefeldt. Dieses Missverständnis kam ihm sehr gelegen.

„Da bin ich aber entzückt, Herr Nix!“

„Weshalb sind Sie entzückt, Frau von Dörrnefeldt-Eckstein?“

„Nun, ich freue mich eben, wenn ein freundlicher Herr wie Sie, Bekanntschaft mit mir pflegen möchte.“

„So ist das nun auch wieder nicht, liebe Frau. Ich möchte nicht Bekanntschaft pflegen, sondern Ihnen einmal richtig die Meinung sagen.“

„Was soll denn das heißen, Herr Nix?“

„Das soll heißen, dass ich Ihnen sagen möchte, was ich von Ihnen halte.“

Frau von Dörrnefeldt-Eckstein konnte sich nicht vorstellen, dass irgendwer etwas Nachteiliges über sie zu sagen hätte. „Nun, dann legen Sie mal los!", meinte sie daher erwartungsvoll. „Man hört nicht oft Worte der Anerkennung so, wie man es ja eigentlich verdient hat.“

„Davon kann nicht die Rede sein“, stellte Herr von Dörrnefeldt klar. „Ich finde zum Beispiel, dass Sie eine bösartige alte Tante sind, die herumnörgelt, die Leute niedermacht, selbst aber auf der faulen Haut liegt und auf ihrem Geld."

Tante Henriette war empört. „Sie blöder Kerl!", schrie sie ins Telefon, „Sie Trottel! Sie Nix! Was bilden Sie sich denn ein!? Sie möchte ich nicht kennenlernen! Bleiben Sie mir von der Pelle, Sie schräger Vogel! Ich kenne eine Menge Leute, die mich mögen! Sogar mein missratener Neffe findet dann und wann Worte der Anerkennung, und da kommen Sie Würstchen und erlauben sich, mir derartige Dinge zu unterstellen .....!"

Sie legte schwer atmend auf.

Einige Minuten verstrichen, dann wiederholte sie nochmals die gewählte Nummer und war erleichtert, dass sich Herr von Dörrnefeldt meldete.

„Junge", sagte sie zu Herrn von Dörrnefeldt, „lieber Neffe, ich hätte da eine kleine Erledigung, die in dieser Woche wichtig wäre. Könntest du mir einige Kartöffelchen besorgen. Es ist mir auch gleich, ob sie groß oder klein, im Netz oder lose sind, es ist auch nicht wichtig, ob Du sie morgen oder heute besorgst, aber sei so nett. Bis Ende der Woche hätte ich sie schon gern. Für den Sonntag. Zwei habe ich ja zur Not noch."

„Aber Tante Henriette, sicher werde ich Dir die Kartoffeln besorgen. Gleich heute. Ich bringe Dir auch gerne noch anderes mit, wenn es denn wichtig ist", sagte Herr von Dörrnefeldt freundlich.

„Aber nein, Kleiner, die Eier und das bisschen Wurst, das mache ich schon allein. Ein wenig Bewegung tut mir doch gut. Nur eben die Kartoffeln. Es wäre auch schön, wenn es ein paar mehr wären, die sind halt doch etwas schwer für mich."

„Tantchen, ich erledige Dir das mit den Kartoffeln, das mache ich von Herzen gern“, bekräftigte Herr von Dörrnefeldt, ohne zu lügen.

„Und lege bitte die paar Euro vor. Ich gebe Dir dann einen Hunderter, wenn du kommst.“

„Hundert? Weshalb hundert?“

„Junge, Du hast schon so oft Geld vorgelegt und nie wieder gesehen, das muss ja auch mal in Ordnung gebracht werden.“

„Das ist nett, Tante Henriette“, freute sich Herr von Dörrnefeldt.

„Nett?“, fragte Tante Henriette.

„Ich meine das ganz aufrichtig, Tantchen. Du bist ausgesprochen nett heute.“

„Das freut mich zu hören.“

Und sie fügte dann nach einer kurzen Pause hinzu: „Lieber Neffe, kennst du vielleicht einen Herrn mit dem Namen Nix?“

„Einen Herrn Nix?“ fragte er zurück.

„Ja, Nix.“

„Was soll ich da sagen ...? Weshalb möchtest Du das denn wissen?“

„Ach lass nur, lass nur ! ... Die Hauptsache ist doch, dass ich Dich habe.“

Dann seufzte sie erleichtert und legte auf.

JACARANDABLÜTE

Robert Axt

Über Zweig' und Blättern wie Gefieder,
leicht, elegant, von zartem Bau,
schwebt ein fein gewebtes Netz aus Flieder,
doch neigend mehr zum hellen Blau,

so sah' ich ihre lila Blüten,
hoch in den Bäumen der Alleen,
kostbar, als müsse man behüten,
sie, die ach so fotogen.

Nicht der Blumen sattes Bunt,
das überall ins Auge sticht,
war der Insel größtes Pfund,
dies' Lila war's, aus meiner Sicht.

(Madeira)

DER KANARIENVOGEL ODER WENN DER POSTMANN EINMAL KLINGELT

Walter Enslin in Zusammenarbeit mit Rosie Cordsen-Enslin

Vorgeschichte:

Sabine öffnete vorsichtig die kleine Tür des goldfarbenen Käfigs und bot dem Vogel ihren Mittelfinger als Stütze an. Dann hob sie Chirpy auf Augenhöhe und rieb sanft die Nase an seinem glatten Schnabel, als rituelle Liebesgeste, die von ihm furchtlos erwidert wurde. Schließlich warf sie ihn in die Luft. Der Vogel drehte ein paar Runden im Zimmer und ließ sich dann auf der Stereoanlage nieder.

„So, so, du Faulpelz! Ich hab dich durchschaut. Magst lieber Musik hören als selbst welche zu produzieren. Komm, sing, sing!"

Ihr neckischer Redefluss verstummte plötzlich, ihr Blick fiel auf die Wanduhr. Beklommenheit huschte über ihr Gesicht. Sie griff brüsk nach dem Vogel und sperrte ihn wieder ein. Ihr Mann traf soeben von der Nachtschicht ein, er mochte es gar nicht, wenn der Vogel so viel zwitscherte. „Liebling, da bist du ja wieder!" rief sie mit gekünstelter Stimme aus der Küche bei der Zubereitung des gemeinsamen Frühstücks. Wie immer mahnte er sie, die Eier nicht zu hart zu kochen!

„Die Schürze meiner Mutter steht dir gut", brummte er, als er sich ihr von hinten näherte. Er umarmte sie besitzergreifend, ohne auf ihren Protest zu achten. Obwohl kleinwüchsig, war er kräftig gebaut, auch sein fester Händedruck überraschte allgemein.

„Hör mal, am Sonntag besuchen wir Mutti auf dem Friedhof. Denn es sind genau fünf Jahre her, dass sie uns verließ. Vergiss nicht, gelbe Nelken zu besorgen, Biene!"

Sabine senkte den Kopf über ihr Frühstücksmüsli und seufzte. Wehe, sie fand die verdammte Sorte nicht. Waren es doch die Lieblingsblumen ihrer Schwiegermutter gewesen. Robert vergaß diese Details niemals, so wie er auch des Geburtstages der Verstorbenen gedachte, was schon sonderbar war. Als einziger Sohn einer Witwe war die Beziehung zwischen ihnen verständlicherweise sehr eng gewesen. Sabine konnte es immer noch nicht fassen, dass sie damals die Liebe Roberts mit seiner Mutter teilen musste. Nun ja, leicht war es nicht gewesen. Sie empfand sich als wenig attraktiv, besonders ihre rundliche Figur bereitete ihr stets Kummer. Erst als Roberts Mutter ernsthaft erkrankte, da schien er seine Verlobte zu bemerken. Er telefonierte häufig vom Krankenhaus aus und gönnte sich etwas Zeit, um sich bei ihr Trost zu holen. Den sie stets bereit war, ihm zu spenden. Eine Woge der Zärtlichkeit überkam sie jedes Mal, wenn er mit einem Strauß roter Rosen und einem verlegenen Lächeln auf dem spitzbübisch grinsenden Gesicht vor ihrer Tür stand.

Robert beklagte sich damals über das Krankenhauspersonal und über die Ungerechtigkeiten dieser Welt, während sie ihn dann mit Tee und Süßigkeiten verwöhnte, bis er sein Murren aufgab und frohen Mutes nach Hause ging. Sie, andererseits, fühlte sich bewundert und begehrenswert.

Kurz nach dem Tod seiner Mutter heirateten sie in aller Stille und zogen in sein Elternhaus ein. So war es, dass, wohin Sabine auch schaute, die alten Möbel und die mit Porzellan vollgestopften Regale, das Bild ihrer strengen Schwiegermutter in ihr hochsteigen ließ. Sie traute sich nicht, Robert zu gestehen, dass sie sich fast wie ein Eindringling in dieser Umgebung fühlte. Dazu kam, dass - jedesmal wenn sie den Standort einer Kommode oder eines Sofas ändern wollte - sich Robert strikt dagegen wehrte, indem er fadenscheinige Gründe angab. Um des Friedens willen schwieg Sabine, aber ihre Unzufriedenheit wuchs mit jedem Tag, den sie mit Putzen und Blankpolieren des Silbergeschirrs verbrachte. Robert ließ häufig den Finger über Möbelkanten streichen und entdeckte fast unsichtbare Flecken auf dem Boden. Er bestand auch auf einem gemeinsamen Testament mit Gütertrennung! Sie saßen gerade zu Tisch als das Telefon klingelte. Roberts Gesicht verfinsterte sich.

„Das ist bestimmt deine Freundin Marlene. Sie ruft immer zu unpassender Zeit an."

Es war tatsächlich ihre Kindheitsfreundin, die einzige, mit der sie noch regelmäßigen Kontakt pflegte. Sabine vereinbarte hektisch ein Treffen in einem nahegelegenen Café, während Robert missmutig das Gespräch verfolgte.

„Warum musst du sie eigentlich immer auswärts treffen? Ihr könnt doch viel gemütlicher hier plaudern bei Kaffee und bei deinem selbstgebackenen Kuchen. Der Apfelkuchen gelingt dir ja sehr gut, obwohl Muttis Rezept unübertroffen bleibt."

Sabine nickte wortlos und behielt ihre Meinung für sich. Nur vor Marlene konnte sie sich frei fühlen und ihr Herz ausschütten. Sie wünschte sich eigentlich sehnlichst ein Kind, was aber bei Robert auf Ablehnung und Unverständnis stieß.

„Wozu sollen wir uns das Leben schwer machen, Biene? Wir sind doch auch ohne Kind glücklich. Kinder bringen nur Chaos und Ärger. Du würdest dich nur noch um das Kind kümmern und keine Zeit für deinen überarbeiteten Ehemann haben. Das wäre doch ungerecht!"

Gegen diese Argumente kam sie meistens nicht an. Doch ihr Mutterwunsch fand andere Wege, z.B. beim Modellieren einer eigenen holzgeschnitzten Babypuppe während eines Kurses bei der VHS. Eine Zeitlang fühlte sie sich dadurch erfüllt und bestätigt. Stolz präsentierte sie Robert am Ende des Kurses das fertige Baby mit blaugemalten Augen und braunen künstlichen Haaren, es sah ihr sogar etwas ähnlich. Robert blickte nur kurz darauf und kritisierte die abstehenden Ohren.

An ihrem letzten Geburtstag erschien Marlene mit einem großen Paket. Bevor sie es auspackte, hatte sich der Vogel durch das Piepsen verraten. Der kleine Flattermann Chirpy, der sehr gesprächig war, gewann ihr Herz im Sturm. Bald konnte sie sich ein Leben ohne ihn und ohne den heimlichen Verehrer, der jetzt bald klingeln würde, nicht mehr vorstellen. Die Sache mit dem Briefträger war einfach aufregend, gestand sie sich herzklopfend. Doch alles musste geheimbleiben! Robert hatte inzwischen Gefallen an seiner trauten, leicht zu kontrollierenden kleinen Welt, gefunden. Immer häufiger schloss sich seine große Hand um den zarten Körper des Kanarienvogels, und seine Finger strichen grob über sein Köpfchen, während er aus den Augenwinkeln seine Frau beobachtete. Sabine nahm sein Tun unruhig zur Kenntnis. Sie wusste, dass ihr Bangen irrational war, das er nie Chirpy mit Absicht verletzen würde. Trotzdem bebte sie innerlich aus Angst um den Vogel, aber auch um ihren heimlichen Verehrer. Ob Robert schon einen Verdacht geschöpft hatte?

Einige Wochen später bestand er auf einen Wohnungswechsel, ohne Gründe anzugeben. Kurz entschlossen verkaufte er sein Elternhaus und von dem Erlös bezogen sie dann eine kleinere Appartementwohnung im dritten Stock im Stadtteil Rödelheim. Der schwelende Ehekrieg bei den Großkurths ging aber erst jetzt richtig los.

Eine Arbeitsstunde war nun schon vorbei an diesem trüben Morgen, als Kommissar Müller seinen Assistenten Huber beauftragt hatte, ihnen beiden einen starken Kaffee zu kochen. Die Mordkommission hatte ihren Sitz im Polizeipräsidium im vierten Stock. Aufgeregt kam Huber zurück ins Büro.

„Hör zu!“ rief er, „ich komme gerade von der Zentrale, wir haben heute einen Einsatz in Rödelheim, wir müssen gleich los!“ Müller vernahm die Mitteilung, dass eine Polizeistreife einen Unfall in einem Appartementhaus gemeldet hatte, bei dem aber Mordverdacht bestünde. Leicht verärgert ob der abgebrochenen Kaffeepause, benachrichtigte er vor dem Aufbruch die Kanzlei, dass der zu erwartende Praktikant, der heute früh eine Ausbildung bei der Kripo zu starten hatte, etwas später kommen sollte.

Rasch begab er sich mit Huber zum Tatort. Nachdem sie ihren Dienstwagen in einer Seitenstraße geparkt hatten, liefen sie zu einem mehrstöckigen grauen Hochhaus, wo die anwesende Polizeistreife gerade den Tatort im Treppenhaus, so gut es ging, absperrte. Polizeihauptwachtmeister Schulz war ihr Ansprechpartner.

„Was war denn los, Kollege?“ Schulz ging vor und zeigte den beiden Kriminalbeamten, was geschehen war.

Am Treppenabsatz im zweiten Stock oben lag ein Mann in Uniform mit zerschmettertem Schädel in einer Blutlache.

Über die ganze Treppe verstreut lag die unausgetragene Briefpost.

“Unfall ausgeschlossen?“ fragte Müller neugierig. Der aufnehmende Beamte Schulz zuckte die Schultern, doch dann schüttelte er den Kopf.

„Also, tja, es gibt eine Ohrenzeugin aus dem Erdgeschoß hier unten, eine ältere Dame. Sie sah den Briefträger eilig nach oben laufen, mit einem Einschreibebrief in der Hand. Dann hörte sie eine Tür aufgehen, darauf setzte ein fürchterliches Gebrüll vom Nachbarn Großkurth ein. Das betreffende Paar sei kürzlich eingezogen, und es gab öfters Ehestreit, da er sehr rechthaberisch sein sollte. Diesmal gab es einen handfesten Streit mit dem Postboten, sagte die Frau. Ein Vogel soll wie am Spieß geschrien, eine Frau verzweifelt geweint haben. Danach hat sie gehört, wie der Briefträger laut um Hilfe schrie! Es gab wohl ein Handgemenge, dann vernahm sie einen dumpfen Schlag und einen schweren Aufprall oben auf der Treppe. Die Tür wurde zugeworfen, danach war Stille.

„Okay, Kollege, da werden wir doch gleich mal nachhaken bei dem Wüterich da oben!“

Die Drei begaben sich zu der Wohnung im 3.Stock, während die Gerichtsmediziner schon mit der Abholung des Leichnams beschäftigt waren. Per Handy erkundigte sich Müller kurzentschlossen nach dem verhängnisvollen Auftrag des getöteten Postbeamten. Nach einer Weile erfuhr er, dass beinahe täglich ein Einschreibebrief an Frau Großkurth abzuliefern gewesen wäre, mit stets unbekanntem Absender. Lediglich der Vermerk: Chirpy, piep, piep-- stand auf der Rückseite des Briefes. Merkwürdig, denn die Nachbarin von unten, die ja viel mitbekam im Hause, hatte angegeben, dass immer wenn der Postbote oben klingelte, ein Vogel laut zwitscherte. Obwohl sie sich bemühte, konnte sie nur ein längeres Flüstern vernehmen, es mussten wohl sehr vertrauliche Nachrichten an die Nachbarin gewesen sein.

„Das hat was zu bedeuten“, überlegte Kommissar Müller und schloss daraus ein Tatmotiv. Er und sein Assistent klingelten bei den Großkurths. Huber legte vorsichtshalber die Hand auf die Dienstwaffe. Nach einer Weile öffnete eine völlig verängstigte zitternde Frau, die kein Wort herausbrachte. Die Beamten zeigten ihre Dienstausweise und erklärten ihr, sie hätten eine Mordsache aufzuklären. Im Wohnzimmer, eine Flasche Bier trinkend, fanden sie den düster blickenden Ehemann.

“Herr Großkurth, wir hätten da einige Fragen an Sie!“ Ausdrucklos wandte er sich den beiden zu.

„Das war ein Unfall! Ich habe damit nichts zu tun!“ Seine Stimme steigerte sich als er auf seine Frau deutete. „Sie müssen D i e da fragen, sie ist an allem schuld!“

Inspektor Huber, der sich inzwischen im Zimmer umgeschaut hatte, rief Müller zu einer Zimmerecke, wo ein Vogelkäfig hing. Die beiden schauten neugierig hinein.

„Herr Großkurth, wie erklären sie sich denn das hier?“ Er wies auf den getöteten zerdrückten Vogelkörper. Der Mann brüllte nun wie am Spieß und schob wiederum alle Schuld auf seine Frau, die weinend am Boden kauerte. Vorsichtshalber legten sie dem protestierenden Mann Handschellen an und brachten ihn zum Polizeipräsidium. Müller bestellte per Handy einen Arzt für die verwirrte Frau.

Nachdem Großkurth die Nacht in einer Zelle verbracht hatte, gestand er die Tat. Nach etlichen Verhören, Mann und Frau wurden in getrennten Räumen vernommen, ergab sich für die Beamten folgender Tatverlauf. Als das Ehepaar noch in seinem Elternhaus lebte, machte die Frau die Bekanntschaft mit dem Briefträger. Er wurde ihr heimlicher Verehrer. Freudig nahm sie seine Zuneigung zur Kenntnis, und schließlich verliebte sie sich in den verheirateten Postboten Kunz. Die Angelegenheit war doppelt peinlich, da sie beide anderweitig gebunden waren. Kunz hatte sich gerade zu einer Ehescheidung entschlossen, aber sie hatte schreckliche Angst vor ihrem eifersüchtigen Ehemann. Daher tauschte das Liebespaar nur heimliche Post aus, getarnt als Einschreibebriefe, die stets nach dem Lesen vernichtet wurden. Sie trauten sich nicht mal Zärtlichkeiten an der Haustür auszutauschen vor Angst, der schlafende Ehemann könnte aufwachen und sie in flagranti erwischen! An dem verhängnisvollen Nachmittag hatte sich ihr Mann über das Gezwitscher des Vogels beschwert, der Streit eskalierte und erreichte ihren Höhepunkt als beide versuchten, Chirpy an sich zu reißen. Das Ergebnis dieses Handgemenges? Eine zerrupfte Vogelleiche und eine hasserfüllte, zornige Ehefrau, die endlich mit der Wahrheit herausrückte. Als der Postbote fast zeitgleich klingelte, wusste Großkurth bereits Bescheid. Er zerrte Kunz in die Wohnung und drosch auf ihn ein. Dieser versuchte zu fliehen, doch auf dem Treppenabsatz holte Großkurth ihn ein, und stieß ihn mit voller Gewalt über die Brüstung hinunter ins Treppenhaus.

Als der Rasende sah, was er angerichtet hatte, zerrte er die entsetzte Frau in die Wohnung zurück und gebot ihr auf jeden Fall zu schweigen, sonst würde sie das gleiche ereilen. Er lachte zynisch und öffnete sich in aller Ruhe eine Flasche Bier. So die spätere Aussage der Frau. Die ältere Nachbarin, die im Erdgeschoß wohnte, alarmierte sofort die Polizei und einen Notarzt, der aber nichts mehr für den armen Briefträger tun konnte.

Kommissar Müller beantragte vorübergehend Polizeischutz für die Ehefrau, für den Mann eine einstweilige Verfügung, dass er sich ihr nicht mehr nähern durfte, denn jetzt bestand Gefahr für Frau Großkurth als Zeugin. Der Prozessausgang ist noch offen. Müller und Huber, die als Zeugen aussagen werden, verhalten sich momentan bedeckt und geben keine Kommentare dazu. Man vermutet, dass Frau Großkurth nach dem Umzug aus der alten Wohnung ein völlig neues Leben beginnen wird, und nach der Scheidung von ihrem mörderischen Ehemann sich erst einmal einen neuen Kanarienvogel zulegen wird, der von morgens bis abends zwitschert und trällert!

THE LADY OR THE TIGER?

Robert Axt

(Short Story von Frank Richard Stockton,
umgedichtet in eine Moritat,
zu singen nach den „Bänkelsängern“)

Es gab einmal einen König,
der schrecklich grausam war,
der trieb ein Spiel mit Gefang’nen,
ganz schlimm und fürchterbar.

Der König hatte 'ne Tochter,
die war so wunderschön,
so dass ihren großen Liebreiz
man lobte in höchsten Tön’.

Und diese prächtige Tochter,
die war unsterblich verliebt
in einen feschen, blutjungen
Mann, den es nur einmal gibt.

Und auch dieser hübsche Jüngling,
der liebte das Mädchen so sehr,
ohne sie, sein Herzliebchen
wollt' er sein nimmermehr.

Doch dieser junge Bursche,
der war nicht von blauem Blut,
so dass den König packte
die böse und kalte Wut.

Er nahm den Jüngling gefangen
und sann über ein Urteil nach,
das würde den Armen erschrecken
zu sühnen diese Schmach.

Er ließ den armen Burschen
in eine Arena hinein,
da, wo war'n zwei Türen,
wovor stand der Jüngling allein.

Der Arme musste jetzt wählen
eine der beiden Tür'n
und was dort wäre dahinter,
das würde er schnell spür'n.

Denn hinter der rechten Türe
stünd' ein Mädchen fein,
das müsste er gleich freien
und mit ihr glücklich sein.

Wenn öffnet er aber die and're,
von beiden die linke Tür,
da sähe er dort einen Tiger,
der hungers von Gespür.

Doch da saß ganz weit oben,
sie war des Dramas leid,
die geliebte Prinzessin,
die wusste alleine Bescheid.

Sie wusste, wer hinter der Türe
würde lauern oder steh'n,
so dass ihr Schatz ganz einfach
dem Tiger könnte entgeh'n.

So auf ihr heimliches Zeichen,
wartet der Bursche nun,
damit die richtige Türe
könnt' endlich er auftun.

Doch da stellten sich Zweifel
bei der Liebsten ein,
was wäre für sie das Beste,
trotz aller Seelenpein.

Denn wenn ihr Liebster müßt' freien
hinter der Türe das Weib,
dann wären diese zusammen,
eine Seel', ein Herz und ein Leib.

Könnte sie wirklich ertragen,
bis sie wär' alt und grau,
dass ihr Liebster würd' liegen
in den Armen der and'ren Frau.

Nun müsst ihr alle entscheiden,
was die Prinzessin wohl tat,
auf welche Tür sie hinwies,
welche Lösung ihr schien probat.

LIEBER JUNGER FREUND

Robert Axt

Es war schon gegen Ende der Veranstaltung, als ich allen Mut zusammennahm, mich durch die Reihen des Publikums im großen Saal des Kurhauses Bad Vilbel nach vorne drängte, einige Stufen auf das Podium hinaufstieg und mich an das Mikrofon begab. Das Mikrofon stand vom Saal aus gesehen an der rechten Seite des Podiums, auf dem, etwas zurückgesetzt vor der Wand, einige Männer hinter Tischen saßen .Ob auf den Tischen Decken ausgebreitet waren, etwa in den Parteifarben oder mit Symbolen, weiß ich nicht mehr .Von dort aus wurde mir zugezischt, es müsse jetzt ein Ende haben, ich sei als letzter Beitrag oder Fragesteller zugelassen.

In diesem Augenblick kam ich mir, nicht nur physisch, recht klein vor im Angesicht der nun auf mich gerichteten Gesichter der geballten politischen Prominenz. Zum Wahlkampf, der mit der Bundestagswahl am 28.9.1969 abschloss, hatte ich eigentlich nichts zu sagen, auf dem Herzen lag mir etwas anderes, nur mittelbar mit dem aktuellen politischen Wettstreit Verbundenes. Ich wollte also lediglich von dem, der hinter den Tischen den Ton angab, wissen, ob er das im Vorjahr erschienene Buch von Franz-Josef Strauss „Herausforderung und Antwort“ gelesen habe und was er von der darin aufgestellten These halte, die Europäer und zumal die Deutschen, seien mit zwei Herausforderungen konfrontiert, zum einen mit der wirtschaftlichen Dominanz der USA und zum anderen, mit der politisch/militärischen Bedrohung durch die UDSSR.. Strauss' These war es, dass nur durch ein Zusammengehen von Deutschland und Frankreich beide Herausforderungen bestanden werden könnten. Ich war ein überzeugter

Anhänger dieser These. Der Tonangebende hinter den Tischen, etwa doppelt so alt wie ich und ausgestattet mit einer ironisch-schnoddrigen, zuweilen bissigen Rhetorik, sprach mich mit „lieber junger Freund“ an und antwortete leicht belustigt, er habe ebenfalls das Buch von Strauss gelesen.

Ohne auf den Inhalt einzugehen, empfahl er mir die Lektüre eines Buchs, das er selbst geschrieben habe, das soundso viel DM koste und in jeder besseren Buchhandlung erhältlich sei. Bereits während dieser Erwiderung standen einige hinter den Tischen auf und beendeten auf diese Weise die Veranstaltung. Daraufhin verließ ich eilig das Mikrofon, stieg die Stufen zum Saal hinab und tauchte ein in die Anonymität des Publikums.

Wer mich als „lieber junger Freund“ angesprochen hatte, war Helmut Schmidt, seinerzeit Vorsitzender der SPD-Fraktion im Bundestag während des Kabinetts Kiesinger. Infolge der Bundestagswahl vom 28.9.1969 wurde Willy Brandt Kanzler und Helmut Schmidt zunächst Verteidigungsminister und später Finanz- und Wirtschaftsminister. Zwischen 1974-82 war er selbst acht Jahre lang Bundeskanzler. Er ist 97 Jahre alt.

NOCH EINMAL DEN WINTER ERLEBEN

Aus ‚Christmond'

Alfred Landmesser

Der kleine Michael war im Krankenhaus, und neben ihm saß seine Mutter. Er war schon oft im Krankenhaus gewesen, denn er litt seit seiner Geburt an Multiple Sklerose, aber diesmal war alles anders. Er war besonders still, sagte kaum ein Wort und schien immer wieder über etwas nachzudenken. Dann sagte er leise: „Mama, Pauline soll mich besuchen." Pauline war die Therapeutin, die ihn in den letzten beiden Jahren in einer Tagesstätte betreut hatte. All die Übungen, die ihm ein wenig halfen, sich besser bewegen zu können, hatte sie mit ihm durchgeführt, was für ihn oft recht anstrengend gewesen war. Sie hatten sich geneckt, miteinander gelacht, und sie hatte ihn getröstet, wenn er traurig war, was oft genug vorkam, da er fast immer im Rollstuhl den Tag verbringen musste.

An diesem Tag also bat er darum, dass Pauline ihn besuchen möge, und sie kam auch. Es war am Nachmittag, und er lag im Bett.

„Hallo, alles klar?!", fragte Pauline.

Michael sagte nichts, zeigte nur zum Fenster.

„Was hast du auf dem Herzen? Was ist es?"

„Draußen ist Schnee, ich möchte so gerne noch einmal den Winter erleben. Mit einem Schlitten möchte ich fahren."

„So richtig einen Berg hinunter?"

„Das meine ich. Und sich dann in den Schnee fallen lassen und herumtoben."

Er sagte es mit flehender Stimme.

Pauline sah ihn an, und das Herz tat ihr weh. Er Schlitten fahren? So krank und geschwächt, wie er jetzt war?

„Es wird nicht gehen", sagte sie, „du kannst auf einem Rodelschlitten nicht sitzen, außerdem wird es wohl auch kein Arzt erlauben. Wir können doch mit dem Rollstuhl nach draußen fahren. Die Wege im Park sind geräumt, und Schnee ist sonst überall."

„Das kenne ich ja, das ist nicht anders, als wenn ich aus dem Fenster sehe. Ich möchte richtig Winter erleben. Kann man denn nicht auf einem Schlitten einen Sitz befestigen und mich hineinsetzen?"

Pauline überlegte. Ja, solche Sitze gab es, auch spezielle Schlitten, aber war er noch in der Lage, das durchzustehen?
Sie fuhr ihm mit der Hand über die Haare und meinte: „Ich werde alles versuchen, alles, das verspreche ich dir."

Und als sie sein strahlendes Gesicht sah, wusste sie, dass sie einen Weg finden musste.

Am gleichen Tag noch besprach sie es mit den Ärzten, und sie redete mit den Eltern. Es war etwas kaum Durchführbares, was sie sich da vorgenommen hatte, aber sie versuchte alles, was irgendwie möglich war.

Zwei Tage später fuhr ein großer Pferdeschlitten am Krankenhaus vor, so ausgestattet, dass Michael bequem sitzen, aber auch alles sehen konnte. Seine Mutter hatte ihn im Krankenzimmer angekleidet, zwei Pfleger brachten ihn hinaus, und bald befand er sich im Schlitten. Vorn waren der Besitzer des Schlittens und ein Arzt, hinten Michael und Pauline, zu der er so viel Vertrauen hatte, beide eingehüllt in warme kuschelige Decken. Es war sicherlich sehr anstrengend für ihn, was da geschah, aber Michael lächelte, er lächelte fast die ganze Fahrt hindurch. Der Schlitten glitt durch Felder hin zum nahen Wald, die Glöckchen an den Pferdegeschirren begleiteten die Fahrt mit ihrem Läuten, keiner sagte ein Wort, und Michael genoss still die verschneiten Felder, die Berge in der Ferne und schließlich die schneebedeckten Bäume im Wald. Dann hielten sie an. Pauline stieg aus und bewarf die Herren vorn mit Schneebällen, und Michael hatte große Freude daran und lachte. Minuten später stieg Pauline wieder ein, und es ging weiter. Sie nahm die Hand des kleinen Jungen, und da sagte er zum ersten Mal etwas: „Es ist wunderschön, Pauline, „aber nun bin ich müde, bring mich bitte zurück."

Pauline besuchte nun Michael an jedem Nachmittag, und er freute sich immer auf sie. Es gab zwar keine Schlittenfahrt mehr, aber einmal noch einen kleinen Ausflug mit dem Rollstuhl in den Park. Doch Michaels Gesundheitszustand wurde schlechter und schlechter.

Eines Tages bekam Pauline mittags einen Anruf von Michaels Mutter, die ihr mitteilte, dass ihr Junge sie dringend sprechen wolle. Also fuhr sie sofort zu ihm. Sie brachte ein dickes Buch mit. „Da hast du eine Menge zu lesen", sagte sie, „es wird reichen, bis du wieder aus dem Krankenhaus entlassen wirst."

Michael aber sah sie nur ernst an. Nach einer Weile meinte er: „Das werde ich nicht schaffen, Pauline."

Und da fragte sie, als sie sein ernstes Gesicht sah: „Was höre ich denn da? Du schaffst doch sonst alles."

Er antwortete nicht. Er wirkte sehr traurig, er wollte etwas fragen und hatte sichtlich nicht den Mut dazu. Schließlich nahm er ihre Hand und stellte die Frage, die ihn wohl in den letzten Stunden so sehr beschäftigt hatte: „Pauline, wenn ich im Himmel bin, muss ich dann auch im Rollstuhl sitzen?"

Sie erschrak bei diesen Worten. Hatte sie so eilig kommen sollen, weil er diese Frage an sie stellen wollte?

Sie drückte seine Hand und flüsterte: „Im Himmel gibt es keine Rollstühle. Dort sind alle gleich, alle können laufen, alle sind glücklich."

„Und kann ich dort Schlitten fahren und auch richtig im Schnee herumtollen?"

„Auch das."

Da lächelte Michael und sagte erleichtert: „Weißt du, ich hatte mir nämlich Gedanken darüber gemacht, ob, wenn ich auch im Himmel im Rollstuhl leben müsste, dort jemand sein würde, der so gut alle Übungen mit mir machen könnte wie du."

Da lächelte auch sie. Dann gab sie ihm einen kleinen Klaps, bedankte sich für das Lob und begab sich nachdenklich auf den Heimweg. Als sie an seiner Zimmertür war, rief er ihr noch nach: „Und bitte, kümmere dich um Ernie, meinen Freund, der ist noch so klein. Ich habe immer auf ihn aufgepasst. Er hat nun niemanden mehr!"

Sie versprach es mit Tränen in den Augen.

Michael starb in der folgenden Nacht, und seinen Rollstuhl hat er zurückgelassen.

EINE PFEIFENLÄNGE

Robert Axt

Auf eines Pfeifchens Länge
sitze ich auf dem Balkon
und sehe des Waldes strenge
Silhouetten wachsen schon.

Langsam breitet Dämmergrau
sich über alle Wipfel
und weitet sich vor hellem Blau
aus bis in die Gipfel.

Wie eine dunkle Säge
die wirr nach oben zeigt,
so steht der Wald ganz schräge,
wenn der Tag sich neigt.

Doch bleibt es seltsam helle
bis doch der erste Stern
blinkt schwach auf an der Stelle,
die liegt unendlich fern.

Zwei Fledermäuse schwirren
rasch hintereinander her,
man hört kein Girren, kein Sirren,
ihre Laute sind stimmlos und leer.

Da fliegt ganz langsam ein Lichtchen
es scheint im Himmel zu glüh'n,
ich glaube es war ein Würmchen,
das glühte ein bisschen grün.

DER ROTE WEIHNACHTSSTERN

Walter Enslin

Leise tickte die schwere hölzerne Standuhr in der Ecke vor sich hin. Der Blick des graumelierten älteren Herrn löste sich von seinem Geschäftsschreiben. Nachdenklich seine Pfeife rauchend betrachtete er die opulenten Ölgemälde an den Wänden. Seine Augen glitten dann über die hölzernen Schiffsmodelle in der Glasvitrine des Arbeitsraums. Fracht von und nach Übersee war schon immer ein alter Traum in seiner Familie gewesen. Ihm war es bestimmt, ihn in die Tat umzusetzen, dank einer reichen Familienerbschaft. Vollgefüllt mit Stoffballen verließen seine Schiffe den heimatlichen Hafen und kehrten mit exotischen Früchten aus Südamerika beladen zurück. Vor zwanzig Jahren hatte Olaf Christensen in dieser norddeutschen Kleinstadt seine Import- und Exportfirma gegründet. Das Geschäft florierte bis jetzt. Über der Eingangspforte verkündete eine große Holztafel „Christensen & Sohn – Handelskontor."

Mitten in seinen Erinnerungen öffnete sich die Tür und Jens, sein dreizehnjähriger Filius, stürzte sich laut polternd herein. Elegant gekleidet in hellen Hosen, hohen Strümpfe, spitzenbesetzter Hemdenbrust und Samtanzug schwenkte er einen großen Schlapphut passend im Stil, so wie es die Mode des Jahres 1700 nun mal vorschrieb.

„Papa, heute beginnt der Weihnachtsmarkt! Gib mir doch ein paar Münzen! Es gibt so viele schöne Dinge zu kaufen!"

„Gemach, gemach, mein Sohn" unterbrach der Vater in strengem Ton. „Meint er denn sein geplagter Vater hätte sonst keine anderen Sorgen?"

Als er das erwartungsvoll bittende Gesicht des Jungen sah, milderte sich sein Gesichtsausdruck. Er drückte einige Taler in die ihm hingestreckte kleine Hand.

„Aber, merke er sich, etwas Vernünftiges zu kaufen, denn Mutter und ich haben wenig Zeit für Einkäufe auf dem Weihnachtsmarkt."

Aufmunternd klopfte er dem Sohnemann auf die Schulter und konzentrierte sich wieder auf die Handelsunterlagen auf dem Schreibtisch.

Jens eilte nach draußen. Schon einige Straßen weiter hörte man das Schreien und Lärmen der Marktleute, die eifrig ihre Ware vor den grünen, geschmückten Holzbuden feilboten.

- - -

Der Händler hatte eben seine erschöpften Eselchen festgebunden und gefüttert. Er war von weit her gekommen, aus der alten Hansastadt Hamburg. Immer wieder musste er unterwegs anhalten und seinen Grauen gut zureden, damit sie den schwerbeladenen Karren weiterzogen. Nun baute er seine Sachen einfach vor dem Karren auf und fing an, die Waren laut anzupreisen.

„Schmuck für die Damen von Welt! Schenken Sie Ihren Allerliebsten zu Weihnachten den schönsten Anblick von Ihnen, den er je hatte! Hier, einen echt goldenen Armreif oder ein paar Silberohrringe mit Türkis besetzt, oder diese wunderschöne Korallenkette für Ihren Schwanenhals!"

„Mein kleines Fräulein, Sie sehen so verfroren aus! Nehmen Sie doch diesen herrlich warmen Schal aus Alpakawolle, echt indianische Handarbeit! Mein Herr, Sie suchen etwas für Ihr gemütliches Heim? Ein Geschenk für die liebe Gattin? Hier habe ich was ganz besonderes aus Südamerika, eine wundersame Weihnachtsblume für den Gabentisch!“

Neugierig drängelte sich Jens durch die gaffende Menge. Den gutgekleideten und selbstsicheren Jüngling ließen die ärmlich gekleideten Menschen respektvoll durch.

„Sage er mir, Krämer, was ist mit dieser unscheinbaren Pflanze, die so gepriesen wird? Sie sieht doch eher wie Unkraut aus!“

Aus der Menge kam hämisches Gelächter auf. Geduldig gab der Händler dem jungen Herrn Auskunft.

„Nun, mein kleiner Herr, in der Heimat dieser Pflanze jenseits der Meere, im fernen warmen Südamerika, wird diese Blume Weihnachtsstern genannt. Warum? Schaut sie Euch genau an, sie ist schlicht grün mit weißen Knospen, aber genau am Weihnachtsabend, zum Geburtstag unseres Herrn (er bekreuzigte sich dabei und alle ahmten ihn nach) wird sie in flammendem Rot aufblühen! Bis dahin, liebe Leut', müsst Ihr das Pflänzchen im dunklen kühlen Keller behalten. Dann wird sie, wie der Stern von Bethlehem, der die Geburt unseres Herrn ankündigte und von Himmel herab hell auf die Erde leuchtete, auf dem Gabentisch seine ganze rote Pracht entfalten!“

„Genug, Krämer, Ihr habt mich überzeugt“ sagte Jens. „Nenne er mir einen wohlfeilen Preis für die Pflanze und packe er sie gut ein!“

Als Jens mit stolzer Miene und beide Arme fest um seine Trophäe nach Hause marschieren wollte, zupfte ihn ein kleiner Bettlerjunge am Ärmel.

„He, du Großer. Ich heiße Holger. Ich hab alles mitbekommen und möchte so gerne sehen, wenn deine Christpflanze aufblüht. Ob die Blumen wirklich rot werden? Könnte ich dann einen Blick, nur einen einzigen Blick, auf deinen Gabentisch werfen?“

Jens schoss ob der überraschenden Begegnung die Röte ins Gesicht. Aus großen fragenden Augen sah ihn der Störenfried an. Wahrscheinlich hatte er Hunger und litt unter der Kälte, wie die meisten Herumtreiber, dachte Jens. Der Umgang mit Armen war für ihn ungewohnt, weil er die letzten Jahre seiner Ausbildung in einem Internat verbracht hatte.

„Sag, Holger. Bist du ein Waisenjunge oder haben deine Eltern einfach keine Lust zu arbeiten?“

Der Kleine schnäuzte sich im Ärmel und antwortete bitter.

„Wer sollte meinem Vater wohl Arbeit geben? Überall jagt man uns doch weg!“

Jens wurde verlegen und gab zögernd nach.

„Also gut, Holger, wenn es dein Wunsch ist, dann bist du unser Gast bei der Weihnachtstafel.“

Innerlich überlegte er fieberhaft, wie er die Einladung möglichst schonend Mama und Papa beibringen sollte.

„Darf ich denn auch meine Eltern und Geschwister mitbringen? Sie würden sich riesig freuen!“

Seine kecke Art imponierte Jens widerwillig.

„Ich werde mich schon bei dir melden“ erwiderte Jens ausweichend und verschwand in der Menge. Er spürte keine Lust, weitere Weihnachtseinkäufe zu betätigen, und die Pflanze sollte ja sofort in den Keller. Die Begegnung mit dem kleinen Bettler ging ihm nicht aus dem Sinn.

Herr Olaf Christensen hatte sich gerade zum Abenddinner umgezogen und seine Frau ihr blauseidenes Ausgehkleid angelegt, als der Sohn heimkam. Die Mutter stieß einen überraschten Ruf aus während der Vater auf die grüne Pflanze starrte. Mühsam rang er um Fassung.

„Langsam gewinne ich den Eindruck, dass ich ein Kamel zum Sohn habe. Sagte ich dir nicht, du solltest etwas Nützliches kaufen? Hast du dafür dein gesamtes Taschengeld ausgegeben?"

Die Mutter versuchte die Strafpredigt etwas abzumildern.

„Mein lieber Gemahl, seid doch nicht so streng zum Buben. Wenn er unser Haus verschönern möchte, es sei ihm gegönnt! Vielleicht blüht ja dieser Winzling mit der Wärme des Kachelofens!"

Doch Jens war schon auf dem Weg zum Keller mit dem Zankapfel. Als in den nächsten Tagen die Weihnachtsvorbereitungen im Elternhaus auf Hochtouren liefen, meldete sich bei ihm das schlechte Gewissen. Die bloße Vorstellung, dass Holger mit seiner gesamten Sippe am Weihnachtsabend auftauchen könnte, ließ ihn erschauern. Als Jens es schließlich mit stockender Stimme seiner Mutter beichtete, wäre der braven Kaufmannsfrau beinahe eine kristallene Weihnachtskugel beim Schmücken des Baums aus der Hand gefallen.

„Du hättest dich auf gar keinen Fall auf so etwas einlassen sollen, Jens. Wenn dein Vater es erfährt ..." Sie seufzte. „Aber wahrscheinlich weiß dieser Bettelknabe gar nicht, wer du bist oder wo du wohnst. Am besten wir sagen Vater vorläufig nichts, er hat andere Sorgen im Moment.

Gestern kam ein großer Auftrag aus Spanien. Bis Silvester muss er eine Ladung Roheisen aus Schweden an seine katholische Majestät auf den Seeweg bringen. Die Zeit drängt und die Konkurrenz schläft nicht!“

Jens hörte nur halb zu. Er dachte an Holger, der trotz seines erbärmlichen Aussehens solche Fröhlichkeit ausgestrahlt hatte. Einige Tage später, es hatte gerade geschneit, verließ er warm eingepackt sein Elternhaus als ein Schneeball ihm die Mütze vom Kopf riss. Laut lachend kam Holger angelaufen.

„Endlich kommst du raus, Großer! Ich habe seit Stunden auf dich gewartet. Weißt du, damals, bin ich dir heimlich gefolgt. Sonst hätten wir uns doch aus den Augen verloren!“

Jens schleuderte ebenfalls einen Schneeball nach ihm und versuchte streng zu wirken.

„Na, hör mal, ich gab dir doch mein Wort. Wieso bist du mir heimlich nachgelaufen?“ Gerade wollte er ihn am Kragen packen als der kristallklare Blick aus seinen Augen ihn innehalten ließ.

„Ach, weißt du, Großer. Ich habe es mir überlegt, das mit der Einladung zu Weihnachten. Du würdest bestimmt Ärger mit deinen Eltern bekommen. Vergessen wir die ganze Sache. Grüß die kleine Blume schön von mir!“ Holger wollte sich losmachen und davonlaufen, aber Jens hielt ihn am Arm fest.

„Nein, ich bleibe bei meiner Einladung. Bring ruhig deine Familie mit. Mir wird bestimmt etwas einfallen um meine Eltern umzustimmen.“ Traurig sah Holger zu Boden.

„Jens, so heißt du doch? Ich möchte dir keinen Ärger machen. Sei froh, dass du nicht an meiner Stelle bist.“

Sie setzten sich auf einer verschneiten Bank hinter den Wacholderbüschen, und dann schüttelte ihm Holger sein Herz aus. Sein Vater hatte seit fünf Jahren keine feste Arbeit mehr. Die Mutter übernahm hin und wieder Näharbeiten um die Familie vor dem Ärgsten zu bewahren, doch sie kränkelte ständig. Die übrigen Geschwister waren alle Mädchen und jünger als er. Gott sei Dank wohnten sie mietfrei unter einem alten Dachboden, aber im Winter froren sie darin erbärmlich. Jens unterbrach ihn leise.

„Ach, lass doch, Holger. Bis jetzt habe ich Weihnachten nur mit meinen Eltern und ihren Gästen gefeiert, lauter stinkreiche, langweilige alte Leute. Ich würde mich auf jeden Fall freuen, wenn du mit deiner Familie kommen würdest. Mutter habe ich fast überzeugt und Vater bekommen wir schon herum. Pass mal auf. Wir treffen uns so gegen fünf Uhr hier am Heiligabend. Ich werde am Fenster warten und sobald ihr da seid, komm ich raus und geleite euch ins Haus, in Ordnung?“ Er klopfte den Kleinen auf die Schulter und schlich davon, erstaunt über seinen eigenen Mut.

Des Abends besprach sich Jens erst einmal mit seiner Mutter. Sie war beim Klavierspielen als Jens mit einem Räuspern eintrat. Er küsste sie flüchtig auf die Wange und setzte sich nervös neben sie hin.

„Was ist denn, mein Junge? Morgen ist doch Weihnachten, du scheinst dich gar nicht darauf zu freuen!“

„Mutter, vorhin habe ich zufällig den armen Buben getroffen, du weißt schon. Holger hat mir das Elend seiner Familie geschildert und ich konnte nicht anders, ich wiederholte meine Einladung.

Mutter, unser Haus ist doch so groß, wir könnten ein Zimmer zum Feiern für sie einrichten, und auf ein paar Geschenke von Vatis Kunden können wir bestimmt verzichten. Ich habe mir schon immer einen Spielkameraden wie Holger gewünscht, einfach und lustig, nicht wie die vom Internat. Bitte, Mutter, hilf mir, dass Vater seine Erlaubnis dazu gibt!"

Frau Christensen war überrascht, dass ihr Sohn so mitfühlend empfand. Hatte ihr Beispiel doch Schule bei Jens gemacht? Sie war großzügig zu ihren Bediensteten und ließ nie einen Bettler mit leeren Händen stehen. So erklärte sie sich bereit, einen Abstellraum für die Familie von Holger herrichten zu lassen. Zu Jens sagte sie, die Angelegenheit sollte zunächst vor dem Vater geheim gehalten werden.

So kam der erste Weihnachtstag heran. Überall in den Zimmern des Hauses hatten die Bediensteten eifrig geputzt, schöne Decken aufgelegt, Tannenzweige und rotgoldene Schleifen vor Fenstern und Nischen gesteckt. Im großen Saal stand die prächtig mit Silberbesteck, Kerzen und Gläser geschmückte Tafel. Auf einer Anrichte wartete das feine Delfter Porzellan, und mitten im Raum stand ein herrlich mit Lametta und Kristallkugeln geschmückter Weihnachtsbaum.

Jens schaute sich alles genau an und lief dann in den Keller. Auf dem ersten Blick schien die Pflanze unverändert, aber dann entdeckte er mit Freude die halbgeöffneten rosaroten Blüten, die im Laufe des Tages zu einem immer kräftigeren Rotton übergingen. Der Weihnachtsstern bekam auf dem Tisch der Eingeladenen einen Ehrenplatz, inmitten von Nüssen, Konfekt, Schinkenbrot, Äpfeln für die Kinder und eine Flasche Landwein für die Eltern. Jens hatte sein altes Spielzeug ausgemustert, die Bänke mit warmen Decken ausstaffiert und kleine Laternen angezündet, die ein wohnliches Ambiente verbreiteten. Zufrieden wartete er in seinem Zimmer auf die Ankunft seiner Gäste. Doch als er an seines Vaters Büro vorbeiging, hörte er seine zornigen Bemerkungen und dazwischen die sanfte Stimme seiner Mutter.

„Mutter wird es schon richten“ dachte sich der Knabe und war froh, seinem Vater nicht selbst zur Rede stehen zu müssen. Herr Christensen beruhigte sich nach einer Weile. Er gab seiner Frau schließlich recht. Er sollte Gott dankbar für den Erfolg seiner Geschäfte und das Wohl seiner Familie sein, dafür etwas großzügiger mit anderen, die nicht dieses Glück hatten. Aber den Filius wollte er sich trotzdem vornehmen, denn er hatte seine Autorität in Frage gestellt!

Kurz nach fünf entdeckte Jens eine kleine Gruppe ängstlicher Menschen hinter den Holunderbüschen. Er gab ihnen ein Zeichen und stürzte hinaus. Holger kam ihm als erster entgegen, an jedem Arm eine kleine Schwester eingehakt. Feierlich führte er sie ins Patrizierhaus durch den Personaleingang. Die Gäste des Vaters kamen vereinzelt an und beachteten das schwach beleuchtete Nebenzimmer nicht. Sie waren zu sehr beschäftigt mit prächtigen Geschenken einen guten Eindruck bei ihrem Gastgeber zu machen. Es ging allen schließlich darum, gute Geschäftsverbindungen zu pflegen. Daher konnte Jens der Haupttafel immer wieder entschlüpfen, um mit seinen neuen Freunden eine Tasse heiße Schokolade zu trinken, beim Geschenke auspacken zuzugucken und die immer schöner werdende Poinsettia, den Weihnachtsstern aus Südamerika, zu bewundern.

Kurz vor Mitternacht verließen die letzten vornehmen Gäste das Haus, um die Christmette zu besuchen. Schon vorher hatte Frau Christensen die Nebenkammer betreten, die Familie aufs wärmste begrüßt, und ihnen weitere Hilfe in Form von Arbeitsvermittlung versprochen. Ihr Gatte könnte mit Sicherheit den Familienvater bei der Reederei eines Geschäftsfreundes unterbringen. Sie gingen dankbar und voller Hoffnung nach Hause. Jens und Holger verabredeten sich für Silvester, um beim Böllerfest mitzumachen.

Als die Mägde alles abgeräumt hatten und das Haus still geworden war, drehte Herr Christensen eine letzte Runde durch die Räume. Das Festmahl war zu seiner Zufriedenheit verlaufen, die Speisen schmeckten ausgezeichnet, und die Gespräche mit den Kunden waren vielversprechend ausgefallen. Nur sein Sohn war sehr unruhig und aufbrausend gewesen, er verließ in regelmäßigen Abständen die Tafel. Das hatte natürlich mit den komischen Gästen in der Nebenkammer zu tun. Die Neugier trieb ihn jetzt dahin. Auf dem Tisch stand noch die grüne Pflanze, die Jens damals am Weihnachtsmarkt ergattert hatte. Aber … was war denn das? Die grünen Blätter waren fast verschwunden unter der Pracht von großen, leuchtenden Blüten, die im Licht der Kerzen wie Sterne strahlten! Sein altes Herz erweiterte sich vor so viel Schönheit und Anmut, und floss über vor Liebe zu seinem Sohn, der ein solches Wunder bewerkstelligt hatte. Wenn er später die Geschäfte seines Vaters auch so zum „Florieren“ bringen konnte, musste er sich keine Sorgen um seinen Filius mehr machen!

SACCHARIN

Robert Axt

War das eine Freude: Mit den Kindern gingen wir mitten auf der Straße spazieren, kein Auto störte uns! Ab 25.11.1973 war für vier aufeinanderfolgende Sonntage ein allgemeines Fahrverbot ausgesprochen worden. Grund war der sogenannte „Jom-Kippur Krieg“ zwischen Israel und den arabischen Nachbarn. Da die westlichen Länder Israel unterstützten, wurde über sie als Strafe von den ölfördernden arabischen Staaten ein Embargo verhängt. Binnen weniger Tage stieg somit der Preis des Erdöls um 70%. Die verschiedensten Produkte werden aus Rohöl hergestellt, unter anderem Saccharin. Und diese Chemikalie hatte es, wie andere auch, in diesen Tagen in sich. Ein Lehrstück in Sachen „Spekulation“ lief vor aller Augen ab, besonders vor meinen Augen und durchaus auch mit meinem kräftigen Mittun. Das kam so: In einem Chemie-Handelsunternehmen war ich seinerzeit mit dem An- und Verkauf einer Gruppe chemischer Erzeugnissen betraut. Damals wurden die Überschuss-Produktionen der östlichen Staatshandelsländer von diesen ins Ausland verkauft, hauptsächlich in den kapitalistischen Westen. Von einem chinesischen Staatshandelsunternehmen hatte ich mittels Telex 5000 kg Saccharin, genauer gesagt Saccharin Natrium-Salz, das wasserlöslich und 450-mal süßer als Zucker ist, gekauft zum Preis von DM 7,-- pro kg. Der Kaufvertrag, der im Herbst 73 abgeschlossen worden sein muss, legte fest, dass die Ware Ende des Jahres von einem chinesischen Hafen nach Hamburg verschifft werden würde. Ich hatte die Ware „auf Abladung“ gekauft, wie man bei derartigen Geschäften zu sagen pflegte. Der normale Ablauf war, dass man die Ware, obwohl überhaupt noch nicht verschifft, an Interessenten weiterverkaufte oder man wartete ab, bis die Ware in Hamburg eingetroffen war, portionierte sie dann in kleinere Mengen in einem Lager im Hamburger Freihafen und verkaufte sie dann weiter, z. Bsp. nach Übersee oder auch an deutsche Interessenten. Zwischengeschaltet bei solchen Geschäften waren häufig spezialisierte Chemikalien-Makler im Seehafen Hamburg. Hier war auch der Ort, an dem man wie auf einer Börse den aktuellen Wert eines Produkts erfahren konnte. Ein Anruf genügte und man wusste, welchen Preis anzulegen ein Käufer bereit war oder welchen Preis ein Verkäufer für seine Ware forderte. Alles das entbehrte nicht einer gewissen Routine, gelegentlich wurde es hektischer, wenn aus irgendwelchen Gründen die Preise stärker nach oben oder unten schwankten.

Mit dem Öl-Embargo jedoch überfiel alle in diese Geschäfte Involvierte, auch mich, eine Art Fieber. Man versuchte, den mit seinem Produkt zu erzielenden Gewinn zu maximieren, d.h. die Chancen, die sich aufgrund der vermeintlichen Verknappung der Ware boten, auszureizen .Die einzelnen Phasen dieses Fiebers, wie hoch das Thermometer zwischenzeitlich anstieg, sind mir nicht mehr gegenwärtig, nur den Höchststand der Temperatur habe ich noch einigermaßen im Kopf.

Es begann damit, dass ich die 5000 kg Saccharin, die ich für DM 7,-- pro Kilo von den Chinesen für Abladung Ende des Jahres gekauft hatte, für etwa DM 12,-- weiterverkaufte, dann jedoch ziemlich schnell zu der Überzeugung kam, dass ich zu früh verkauft hatte und offensichtlich zu billig, da anzunehmen war, dass der Wert der Ware sicherlich noch Potential nach oben habenwürde .Ich kaufte also die Ware zu DM 19,-- zurück und wartete vielleicht eine Woche bis ich einen Käufer fand, der bereit war, DM 29,-- zu bezahlen für eine Ware, die noch nicht von China aus verschifft worden, vielleicht noch nicht einmal dort hergestellt worden war. Da traten die Kollegen auf den Plan, die mit anderen Produkten ähnlichen fiebrigen Attacken ausgesetzt waren, und schalten mich einen Angsthasen, weil ich die Ware jetzt schon verschleudere, da bestimmt doch DM 50,-- zu erzielen gewesen wären .In diesem Stadium des Fiebers ließ mir das keine Ruhe. Nach einigen Telefonaten mit Maklern in Hamburg aber auch in Rotterdam, wo zu dieser Zeit der Teufel los war mit Spekulationsgeschäften in Chemikalien und Pharma-Rohstoffen, schloss ich mich der Meinung an, dass das Ende der Leiter noch nicht erreicht sei und fand schließlich den Mut, für 5000 kg Saccharin Natriumsalz DM 39,-- zu bieten .Und es gab tatsächlich jemanden, der mir seine Ware oder besser, seinen Kontrakt zu diesem Preis verkaufte. Ich hatte also für eine Ware, die ich zunächst für DM 7,-- erworben hatte, etwa 3 Wochen später DM 39,-- ausgegeben. Jetzt verfolgte ich doch mit etwas Herzklopfen die weitere Entwicklung, die Luft nach oben wurde dünner. Trotzdem bewegte sich der Marktpreis des Saccharins bis Ende des Jahres auf etwa DM 50,--zu, d.h. auf das in etwa Siebenfache (!) des ursprünglichen Preises der Chinesen. Ich jedoch, wiederum von einigen, jetzt weniger werdenden Kollegen und nicht mehr so laut wie anfangs, als Angsthase tituliert, schaffte den Absprung ,verließ die Fieberkurve und verkaufte meine Partie, wie man die Ware im Jargon der Händler nannte, schließlich zu knapp unter DM 50,--, ich glaube es waren DM 46,--, lehnte mich erleichtert zurück und sah dem weiteren Treiben jetzt zunehmend gelassen zu. Wenn ich mich richtig erinnere, fiel der Preis des Saccharins im Laufe des nächsten Jahres auf die Marke von etwa DM 15,-pro Kilo .Wohl dem, der seine Ware, erworben in den Zeiten des Fieberwahns, bis dahin verkauft hatte. Mit dem zeitlichen Abstand zum damaligen Geschehen, wundert es mich heute, dass ohne innerbetriebliche Kontrolle diese Art risikoreicher Geschäfte möglich war. Sind da nicht gewisse Parallelen zu ziehen zu den bis vor kurzem noch weit verbreiteten waghalsigen Geschäften im Bankensektor?

EIN SCHÖNER TAG

Aus ‚Danke Mama'

Alfred Landmesser

Vier Töchter, drei Schwiegersöhne und vier Enkel hatten sich zu Mutters Ehrentag angesagt. Die Wohnung war blitzblank, eingekauft war alles, die Küche schwoll über und der Kühlschrank ebenso.

Um elf Uhr war die Bude voll – nach Empfangsgeschrei, Händeschütteln und Umarmungen. Ein Gewirr von Stimmen und ein Gerenne durch alle Räume. Mutter stand in der Küche und bereitete das Mittagessen vor. Zwischendurch kochte sie Kaffee und Tee, goss Limonade in die Gläser, formte Klöße und kochte sie, bereitete den Salat vor und eine Suppe. Im Kühlschrank standen schon Sahne und Erdbeeren für den Nachtisch und in der Gefriertruhe das Eis. Sie rannte hin und her, es sollte ein perfektes Essen werden.

Sie trug die Suppe auf – nahm einige Teller wieder mit zurück, da die Kinder sie nicht mochten. Die Klöße waren fertig – raus damit. Auch der große Schweinebraten war gleichzeitig soweit. Schneiden und raus damit. „Oma, ich möchte doch eine Suppe!“ - Leere Suppenteller zurück, ein Suppenteller raus. ‚Gedecke und Bestecke, alles in Ordnung?' ‚Alles in Ordnung.' - Klöße raus. Braten raus. - „Mama, setzt dich doch!“ -„Mama, willst du nichts essen?“ – Später, Kinder!“- ‚Der Salat! Ich habe doch auch Salat in der Küche!' – „Mama, komm, setzt dich doch, es ist ungemütlich, wenn du da rumläufst!“ – Gleich, gleich! Hier ist der Salat. Tut mir leid, hätte ihn fast vergessen!“ - „Oma, was ist das für Fleisch?“ – „Schweinefleisch, mein Schatz.“ – „Ich möchte lieber Hamburger mit Pommes!“ – „Schrei nicht so herum, das hat die Oma gekocht, und das wird gegessen!" – „Ich würde dir gern helfen, aber die Kinder! Du siehst ja!" - „Ich mache das schon, Töchterchen!" - „Mama, warum setzt du dich nicht zu uns?" – Gleich, gleich!" – „Oma, ich bringe die Teller hinaus. Es sind schon so viele leer!" – „Danke, Engelchen!" – „So, ich räume erst mal ab, es gibt ja noch Eis mit Erdbeeren und Sahne!" – „Engelchen, geh wieder auf deinen Platz! Ich kehre die Scherben allein zusammen. – Na, schmeckt das Eis?" – „Herrlich, wirklich herrlich, Mutter!" – „Du, Mutter, es macht nichts, dass du den Wein vergessen hast, es ging auch so. Sonst kümmert sich ja auch Vater immer darum, aber der ist ja zur Kur. Wir fahren um zwei Uhr zu ihm. Schade, dass du nicht mitkommst." - „Weshalb komme ich nicht mit?" - „Wie ich dich kenne, lässt du doch deine Küche so nicht zurück." – „Hast Recht, ich fahre dann morgen mit dem Zug mal hin."

„Also dann, Mama." - „Es war ein herrlicher Tag, Mama!" – „Oma, du bist fabelhaft!" – „Lass dich drücken, Mama." – „Es war schön bei dir! Danke!"

Dann war Ruhe. Mutter stand mit geschlossenen Augen in der Küche mit dem Rücken zur Spüle und atmete tief durch. Und dann nach einer Weile: „Wirklich, Kinder, es ist ein schöner Tag. Es war schön, euch wieder einmal alle um mich zu haben."

Und das meinte sie auch tatsächlich so.

DIE SCHÖNSTE TANNE

Aus 'Schneegestöber und Lichterglanz'

Alfred Landmesser

Kein Baum wächst wie der andere. So ist das auch bei Fichten und Tannen.

Kurz vor Weihnachten geben einige Gemeinden den Bürgern Gelegenheit, sich für das Fest einen Baum im Wald zu schlagen. Sofern sie eben einen haben.

Die Fichten und Tannen wurden von ihnen auf Flächen angepflanzt, mit denen sie sonst nichts anzufangen wissen. In der Regel unter Stromleitungen, die quer durch die Wälder laufen. Und da sie nun die Menschen Jahr um Jahr dorthin schicken, stehen da schließlich nur noch verkrüppelte Bäume herum. Entweder sind es lange schiefe oder kleine schiefe. Schiefe sind es auf jeden Fall. Außerdem sind sie entweder so klein, dass sie im Christbaumständer verschwinden, oder aber so groß, dass man sie zur Hälfte absägen muss. Das sieht auch nicht besonders feierlich aus. Vielleicht wären sie der Größe nach für Turnhallen geeignet, aber die Vereine sind eben auch nicht für schiefe Bäume zu haben.

Auch Ecksteinsbrück, der Wohnort meines Patenonkels Ferdinand, besitzt einen Wald dieser Art. Und eins sollte man auch noch wissen: Mein Onkel Ferdinand ist ein Knauser, wie man dort sagt, ein Geizhals eben. Und einer von der schlimmsten Sorte dazu. So kauft er seine Winterkartoffeln erst, wenn sie halb verschrumpelt sind. Dann sind sie leichter, und er hat zahlenmäßig mehr auf den Zentner.

Worauf ich hinaus will: Mein Onkel kauft selbstverständlich auch seinen Weihnachtsbaum nicht ganz normal bei einem Händler, sondern sieht zu, wo er ihn billiger haben kann. Folglich war er neulich auch der Erste, als die Bäume im Wald geschlagen werden durften. Aber wie es nicht anders zu erwarten war, hat selbst er keinen brauchbaren Weihnachtsbaum gefunden. Dreimal lief er auf und ab. Nichts war's. Inzwischen sind fünfzig weitere Leute mit ihm auf und ab marschiert. Zwei haben sich schließlich einen Baum geteilt, die anderen sind ohne nach Hause.

Nun muss ich allerdings etwas nachtragen: Als mein Onkel das dritte Mal die Runde machte, sah er eine wunderschöne Tanne im Wald stehen - fünf Meter neben dem freigegebenen Gelände. Es war eine wie man sie nur alle paar Jahre einmal vor die Augen bekommt. Die unteren Zweige gleichmäßig verteilt, fast gleichlang, einige Zentimeter weiter oben die nächsten Zweige, entsprechend kürzer, aber ebenso gut verteilt, und so ging es weiter bis zur Spitze hinauf, vielleicht zwei Meter höher. Onkel Ferdinand hat kein Wort gesagt. Zu Niemandem. Der Baum stand nun ja fünf Meter zu weit seitwärts. Aber gedacht hat er sich etwas. Für den Abend. Abends nämlich war Kegelabend. „Und hinterher, im Dunkeln ...", hat er bei sich gedacht. Nun ja.

Um zehn Uhr war die Kugelschieberei zu Ende. Onkel Ferdinand schwang sich, ‚was haste, was kannste' auf sein Rad und nichts wie ab in den Wald. Hundert Meter vom Bäumchen entfernt stellte er sein Fahrzeug ab und schlich weiter. Ganz behutsam.

Fast war er dort, als er ein Knacken vernahm. „O nein", hat er gedacht, „es wird doch nicht der Förster sein!"

Es hat dann noch einmal geknackt, und er ist ganz mucksmäuschenstill hinter einen dicken Baum gekrochen. Für zehn Minuten etwa. Zwar war nichts mehr zu hören, aber er hat dem Frieden nicht ganz getraut. „Also", so hat er dann schließlich überlegt, „es bleibt nur eins, es muss ruckzuck gehen. Nimm deine Axt, mache vier, fünf Sätze, zwei Schläge, schnappe dir den Baum und verschwinde damit wie ein Wiesel!“

Er hat es gemacht. Holte nochmals tief Luft, vier, fünf Sätze, schwang seine Axt und ...

Was soll ich viel erzählen: Plötzlich stand der ganze Kegelverein mit erhobener Axt um den wunderschön gewachsenen Baum herum. Erst tief erschrocken, dann durchgeschüttelt vor Lachen.

Keiner fehlte. Alle waren da. Aber, es war ja auch nicht anders zu erwarten gewesen. Von denen ist einer so`n Knauser wie der andere. Deshalb waren auch bis auf jenen Tag nicht mehr als 13 Euro und 50 Cent in ihrer Kegelkasse zusammengekommen. Dreizehneurofünfzig.

Aber irgendwie - der Baum war ab. Und als er so dalag, kam nach und nach doch das schlechte Gewissen durch. Vielleicht aber war es auch nur die Erkenntnis, dass sie sich niemals darauf einigen könnten, wem der schöne Baum zugesprochen werden sollte ...

Am Tag darauf stand vor dem Gemeindehaus, das neben der Kegelbahn auch den Kindergarten beherbergt, ein wunderschön gewachsener, herrlich geschmückter Weihnachtsbaum, und am gleichen Tag sind im Gemeindekindergarten Süßigkeiten von unbekannten Spendern eingetroffen. Wert der Spenden: Dreizehneurofünfzig. Auf den Cent genau.

EIN SCHWERT FÜR MEINE TOCHTER

Aus ‚Ein Engel soll dich begleiten'

Alfred Landmesser

Der Vater verstaute die Koffer seiner Tochter im Kofferraum ihres Autos. Sie verließ das Zuhause, um ihr Studium zu beginnen.

Gesagt war alles. Alles, was ein Vater seiner Tochter in einem solchen Fall zu sagen hat, und alles, was eine Tochter in einem solchen Fall ihrem Vater zu sagen hat.

Und als sie da am Steuer ihres Autos saß und noch einmal die Landkarte studierte, wandte sich der Vater an den Schutzengel seiner Tochter: „Bisher haben wir beide auf sie geachtet", sagte er, „aber nun muss ich sie dir alleine überlassen."

„Ich werde tun, was in meiner Macht steht", antwortete der Engel, „ich werde das tun, was auch du getan hast: ihr sagen, was Recht ist und sie bitten, es zu befolgen. Entscheiden wird am Ende nur sie. Wenn sie sich dagegen entscheidet, werden wir beide traurig sein, aber Gott hat ihr einen freien Willen gegeben."

„Du brauchst ein Schwert wie es andere Engel haben, ein Schwert um für meine Tochter zu kämpfen! Es geht um meine Tochter, Schutzengel!" flehte der Vater.

„Schutzengel haben keine Schwerter, genau so wenig wie du eines hattest", entgegnete der. „Du siehst in deiner Tochter einen Engel, und du möchtest, dass sie einer bleibt. Für dich aber stellt sich doch die alles entscheidende Frage, ob du für sie ein Engel warst. Wenn sie in dir einen Engel gesehen hat, vielleicht sogar einen Engel mit einem Schwert, dann wirst du keine Angst um sie haben brauchen, denn dann wird sie wahrscheinlich werden wollen wie du."

Die Tochter öffnete noch einmal die Tür, sie umarmten sich lange, und dann sah sie den Vater an, lächelte und sagte: „Brauchst dir wirklich keine Sorgen um mich machen. Ich danke dir für alles. Bist ein richtiger Engel.“ Sie schloss die Tür, betätigte den Anlasser, winkte und fuhr davon.

Und er stand da wie alle Väter in einem solchen Fall dastehen, winkte traurig und hoffte, dass er ihr tatsächlich alles mitgegeben hatte, was nötig ist, um allein zu bestehen. Er tastete nach seinem Handy und wartete auf das erste Zeichen von ihr.

DIE SIEBEN AM SPIESS

Aus ‚Kleine Geschichten aus Hessen'

Alfred Landmesser

Als vor Jahren die ‚Sieben Schwaben' auf ihrem Weg in die Welt so manchem das Fürchten lehrten, überquerten sie einmal bei Hanau den Main und erreichten bald danach die Wetterau. Dort kamen sie gerade recht. Die Bauern hatten eben das Korn eingefahren und waren dabei, die Dreschflegel zu schwingen. Das Wort Angst war ihnen unbekannt, und so wundert es nicht, dass die armen Kerle aus dem Schwäbischen bald, wie streunende Hunde gejagt, kreuz und quer durch die Wetterau hetzten, wobei das Tempo zwangsläufig schneller und schneller ward. In ihrer Not versuchten sie, endlich in Richtung Frankfurt zu entkommen, was ihnen schließlich auch gelang.

Die Frankfurter jener Zeit jedoch waren aus anderem Holz geschnitzt als ihre Nachbarn vom Lande, und als sich die verkannten Schwaben spätabends den Mauern Frankfurts näherten, packte dort alle das helle Entsetzen. Es war aber auch beängstigend, die Fremden an ihrem langen Spieß wild auf die Stadt zustürmen zu sehen. Zudem führten sie eine eiserne Fahne mit, die sich mit durchdringendem Kreischen im Winde bewegte und in die hinein ein jeder von ihnen ein Loch geschlagen hatte, damit sie jederzeit nachzählen konnten, ob sie wohl noch alle beieinander waren.

Um Mitternacht erhob sich am Taunustor ein ohrenbetäubendes Gepolter, woraufhin alle Wachen, um die Stadt zu retten, nach dort eilten. Mann für Mann stemmten sie sich wildentschlossen von innen an das Stadttor und verteidigten es tapfer … bis sich schließlich herausstellte, dass es die verängstigte Besatzung der nahegelegenen Galluswarte war, die da stürmisch Einlass erbat.

Inzwischen waren die ‚Sieben Schwaben' durch das verlassene Eschenheimer Tor in die Stadt gerannt, und die verdutzten Bürger ergaben sich zitternd mit Mann und Maus. Die Eindringlinge aber - von ihrem Erfolg überrascht - hissten stolz auf dem Eschenheimer Turm ihre Fahne, wo sie ja auch noch heute zu sehen ist.

Nun mögen Kleinigkeitskrämer einwenden, das sei ja alles schön und gut, aber das eiserne Fähnchen auf dem Eschenheimer Turm habe neun Löcher und nicht sieben. Zugegeben, dieser Punkt bleibt unklar. Zwei mögliche Erklärungen gibt es jedoch. Entweder, die ‚Sieben Schwaben' haben sich beim Reinschlagen vertan - oder aber, sie waren tatsächlich neun. - Wer weiß das schon so genau?

DER SPÄTSOMMER EINES GENTLEMAN

Rosie Cordsen-Enslin

In der Zeit, als ich als Sekretärin gearbeitet habe, waren viele meiner Vorgesetzten autoritäre, distanzierte Menschen, doch es gab Ausnahmen und dazu gehörte Herr Sommer. Er war um die fünfzig, klein von Statur, besaß große mandelförmige Augen, die ihm ein orientalisches Aussehen verliehen. Was ihn stark von seinen deutschen Kollegen unterschied, war seine Ungezwungenheit und sein Sinn für Humor.

Als Neuling in der Firma verhielt ich mich zurückhaltend und hörte bei Gesprächen lieber zu. Die Kostproben deutschen Humors, die ich bis dahin gehört, haben mir nicht gefallen. Sie schienen mir aggressiv und plump. Einige Tage nach meiner Einführung als Sekretärin bat mich Herr Sommer ihm zu folgen. In seinem Büro setzte er sich gemütlich in seinen Sessel, zündete seine Pfeife an und gab mir allerlei Ratschläge in väterlichem Ton, wobei er fast unbemerkt das „Sie" durch ein vertrautes „Du" ersetzte. Er beschrieb die Charaktereigenschaften seiner Mitarbeiter auf lustige Art, und ging dann zum eigentlichen Punkt des Gesprächs über.

„Hör mal, du kannst doch gut Englisch?" Ich nickte.

„Hmm. Es ist folgendes. Vor einigen Monaten nahm ich in London an einem Intensivkurs für Englisch teil. Kennst du diese Kurse? Nein, natürlich nicht, du bist ja nicht lange in Europa. Da geht es folgendermaßen zu. Man wird schon morgens mit englischen Vokabeln geweckt, dann ist man den ganzen Tag mit seinen Lehrern unterwegs. Abends geht man todmüde ins Bett und träumt womöglich auch noch auf Englisch. Wenn die Lehrerin eine junge, attraktive „Sie“ ist, dann besteht die Gefahr, sich zu verlieben. Das ist bei mir geschehen.“

Er lächelte verschmitzt und zog abwechselnd an seiner Pfeife. Ich wusste, dass Herr Sommer verheiratet war. Sein Vertrauen in meine Diskretion schmeichelte mir.

„Seitdem ich zurück in Deutschland bin, schreiben wir uns regelmäßig, um das Gelernte zu üben. Willst du mir dabei helfen?“

Ich hatte nichts dagegen. Es war angenehm, zwischendurch mal keine Tabellen oder lange Berichte, sondern über die banalen Gegebenheiten einer Romanze, und deren amüsante Details schreiben zu müssen. Er zeigte mir ihre Briefe mit Beschreibungen von nächtlichen Pubtours, improvisierte Partys und Schifffahrten auf der Themse, wodurch ich zu der Überzeugung gelangte, dass die Engländerin, trotz Trennung, nicht gerade Trübsal blies. Sie führte ein turbulentes Leben, wofür ich sie beneidete. Ich dagegen kannte niemanden außer den Arbeitskollegen, und verbrachte lesend die Wochenende in meinem Stübchen, bei meiner bevorzugten Musik aus dem amerikanischen Radiosender. Ich wäre zu gern dieses Mädchen gewesen, das mein Chef liebevoll „catastrophy girl“ nannte, weil sie ständig das Chaos hinter sich herzog.

Während unserer getarnten Diktiersitzungen, stieß ich auf den Begriff „Altweibersommer“, deren Beschreibung Herr Sommer auf poetische Art seinem Liebchen im nebligen London vermitteln wollte. So lernte ich die reifere Phase des europäischen Sommers an den rot leuchtenden Baumäpfeln und an den schillernden Spinnfäden zu erkennen. Aufgrund einer internationalen Fachkonferenz in Tokyo, blieb Herr Sommer eine Woche weg. Während dieser Zeit begann ich erste Kontakte zu anderen „Latinas“ in der Firma zu knüpfen, wodurch meine Einsamkeit erträglicher wurde. Allmählich gewöhnte ich mich an das raue Klima, und an das fade Kantinenessen.

Zurück aus Japan überreichte mir mein Chef einen wunderschönen seidenen Fächer. Danach verschwand er nach draußen und tauchte als waschechter Japaner im Kimono wieder auf. Er spazierte im Büro auf und ab, und verbeugte sich ehrwürdig vor jeder von uns Sekretärinnen. Wir lachten uns kaputt, besonders als er uns vorführte, wie er im japanischen Hotel von den anderen Gästen landesgemäß begrüßt worden war in der Annahme, er sei ein Japaner.

Danach folgte die Stippvisite einer echten Japanerin, klein und zierlich, mit O-Beinen und einem resoluten Gesichtsausdruck. Um als Frau in Japan eine solche Stellung in einem Unternehmen erreicht zu haben, musste sie wohl über stählerne Eigenschaften verfügen. Herr Sommer übergab sie mir nach dem offiziellen Teil sichtlich erleichtert und sagte zu mir:

„Nehmt euch Zeit für einen ausgedehnten Einkaufsbummel. Sie möchte ein Dutzend Schuhe aus Qualitätsleder kaufen.“

Hierfür gab er mir einen größeren Geldbetrag und verschwand. Die Japanerin war überhaupt nicht sein Typ. Für ihn mussten Frauen jung, hübsch und formbar sein. Diese Qualitäten waren bei ihr nicht vorhanden. Leider war sie auch wortkarg und launisch. Ich begleitete sie zu ihrem Schuheinkauf, der erfolglos verlief, bis ein schlauer Verkäufer ihre zierliche Schuhgröße in der Kinderabteilung vorfand. Das war meine Rettung! Ich verließ sie inmitten einem Berg von Schuhschachteln und einem knieenden Verkäufer, als wäre sie ein welkes, japanisches Aschenbrödel.

Damals herrschte ein ausgezeichnetes Betriebsklima in unserem Büro, dank der guten Konjunktur, und der geschickten Führung meines Chefs, der die Zügel zwar straff hielt, doch gelegentlich lockerte. Die Mitglieder unserer Gruppe wurden sich trotz unterschiedlicher Nationalitäten immer einig. Missverständnisse wurden prompt von Herrn Sommer ausgeräumt, ehe sich Ressentiments bilden konnten. Geburtstage und andere Festlichkeiten wurden gemeinsam im Besprechungsraum ab vier Uhr bei Kaffee und Kuchen gefeiert. Von jeder unternommenen Dienstreise bekam ich ein Mitbringsel geschenkt. Mit der Zeit quoll mein Schreibtisch von Souvenirs über.

Als ich einmal einem Kreislaufkollaps nahe war, wurde ich von den Mitarbeitern auf den Besprechungstisch gebettet. Während der Belgier seinen Mantel als Decke über mich ausbreitete, flößte mir der Ägypter einen heißen Tee ein, der Grieche hielt meine Hände warm und Herr Sommer schrie nach einem Arzt. Ich war das Maskottchen der Abteilung, und diese solidarische Wärme ersetzte ein wenig die Familie im fernen Südamerika. Zudem fühlte ich mich von meinem Chef bestätigt, und durch ein persönliches Geheimnis verbunden.

Doch nicht alle waren von seinem schonungslosen Humor begeistert. Er erzählte mir von einem befreundeten Ehepaar, das ein Kind adoptiert hatte. Als er das Baby zu Gesicht bekam, kommentierte er trocken: „Für eins mit Haaren auf dem Kopf hätte ich mehr Geld angeboten!“ Kein Wunder, dass er danach als Pate nicht mehr in Frage kam. Sein Zynismus legte sich etwas nach der letzten Episode mit seinem „catastrophy girl“, welches, angeblich um einen Deutschkurs zu absolvieren, ganz unverhofft bei ihm daheim aufkreuzte. Der Besuch stand von Anfang an unter keinem guten Stern, denn wie sonst hätte es passieren können, dass die Engländerin bereits auf der Bahnfahrt beraubt wurde, und ihr ganzes Geld mitsamt Personalien abhandenkam.

Herr Sommer ignorierte die eisigen Blicke seiner Gattin, bot der Britin Unterkunft und ein Darlehen, um sich neue Papiere bei der Polizei zu besorgen. Ansonsten versuchte er bravourös den Hausfrieden wiederherzustellen. Als Pfand überließ sie ihm ein keltisches handgemaltes Totem, das sie eigenhändig aus Stonehenge herübergeschafft hatte. Mit Argusaugen hatte sie es während der Zugfahrt bewacht und so kam es, ihrer Aussage nach, dass sie bestohlen wurde.

Nach einer chaotischen Woche, in der mein Chef jeden Tag verspätet und ausgelaugt im Büro eintraf, reiste die Britin, zur allgemeinen Erleichterung, nach London zurück. Als einzige Erinnerung an seine Romanze verblieb Herrn Sommer das bunte Totem, das er schleunigst im Keller versteckte, ehe seine Frau es als Brennholz für den Kamin verwenden konnte.

STERNENHIMMEL

Aus ‚Vergiss mich nicht'

Alfred Landmesser

Hölderlinstraße. Ich hatte im Norden der Stadt zu tun, und als ich das Straßenschild las, zog es mich unaufhaltsam dorthin. In Gedanken versunken ging ich langsam durch diese ruhige Straße mit den verträumten alten Häusern, und als ich am Ende der Straße angekommen war, blieb ich stehen und schloss die Augen. Ja, hier war es gewesen, genau hier. Vor vielen Jahren.

Ich sah sie vor mir. Sie hatte ihr braunes Tunikakleid an. Ihr blondes Haar strahlte in der Sonne und ihre braunen Augen blickten mich durchdringend an - ein wenig fragend, ein wenig traurig. Wir kannten uns erst seit kurzer Zeit. Und nun war es der Tag vor meinem Urlaub. Für drei Wochen würden wir uns nicht sehen können. Und da geschah etwas Unerwartetes. Sie sagte leise: „Bitte, vergiss mich nicht!" Mir wurde heiß und kalt. ‚Vergiss mich nicht' hatte sie gesagt - zu mir. Und so unsagbar vertraut. Es war wie im Traum. Ich nahm allen Mut zusammen, drückte sie ein wenig und wusste in diesem Augenblick, dass wir zusammengehörten.

„Niemals werde ich dich vergessen. Niemals!", flüsterte ich.

Wir sprachen nur noch wenige Worte an diesem Tag, aber wir hatten zueinandergefunden.

Und ich vergaß sie nicht. Im Urlaub schaute ich in jeder Nacht zum Sternenhimmel, hin zum ersten Stern des ‚Großen Wagen', so wie wir es vereinbart hatten. Und ich wusste, dass auch sie zur gleichen Zeit nach oben schaute und an mich dachte.

Und nun stand ich wieder an diesem Platz. Und ich nahm, von der Erinnerung erfasst, mein Handy und rief zuhause an. „Ich liebe dich“, sagte ich nur zu ihr. Und das kam mir so tief aus dem Herzen wie seit langem nicht mehr.

WIRKLICH NICHT GEWOLLTES

Robert Axt

Es gab einmal einen Autor, der aus vielerlei
Gründen, darunter nie nachlassendem Zweifel
ob der Qualität seiner Produkte,
unter dem Ananym "Ahcah-Floda-Sviluj-Trebor“
arbeitete, was auf Albanisch so viel wie
"Großer, erhabener Künstler" bedeutet.

Der Autor war stets darauf bedacht,
die Akzeptanz seiner Werke zu erhöhen,
was ihm jedoch nur in sehr beschränktem Umfang
gelang. Er sann deshalb auf Abhilfe und kam
zu dem Schluss, dass es, um die gewünschte
Wirkung zu erzielen, besser sei, zu klotzen
und nicht zu kleckern.

Zu diesem Zwecke ließ er einige zehntausend
Exemplare der von ihm geschaffenen Anthologie
auf Premiumpapier drucken, in Leinen gebunden mit
Goldprägung und Jahreszahlen in lateinischen Ziffern.

Je einer dieser durchaus repräsentativen Bände
wurde an ausgewählte Buchhandlungen kostenlos
verschickt, versehen mit einer Bestellkarte
für zwei weitere Gratis-Exemplare.
Auf diese Weise hoffte der Autor, endlich den
herbeigesehnten Durchbruch zu schaffen.

Die Bestellkarte trug als Absender das eingangs erwähnte Ananym mit der Ortsbezeichnung "48116 Nebrak" und zusätzlich die E-Mail-Adresse "ahcah@essartsnednil.de".

Da die Anforderung von weiteren Probeexemplaren der Anthologie mit Goldprägung wegen der unvollständigen Adresse des Autors zu keinem Erfolg führte, wandten sich einige hundert Buchhändler, so viele waren es doch immerhin, an obige E-Mail-Adresse, um die korrekte Anschrift herauszufinden.

Doch just mit dem Aufrufen der besagten E-Mail-Adresse im Internet geschah das Ungeheuerliche und schlechthin Unvorhersehbare:

Der Autor hatte, ohne sich dessen bewusst zu sein, geschweige denn ihm eine Absicht zu unterstellen, noch ihm gar die Fähigkeit zu einer derartigen Infamie einzuräumen, mit der gewählten E-Mail-Adresse ein ungesichertes Fenster bei Windows aufgestoßen, durch das jetzt plötzlich mit einem Schlage eine hohe sechsstellige Zahl an Würmern, Viren und ähnlichem Ungeziefer in die Systeme eindrang. Der Komplexität der Zusammenhänge geschuldet, brachen in der Folge alle Computer im Bereich des Buchhandels und der Verlage zusammen, was zu schlimmen Zuständen besonders im Hinblick auf das gerade angelaufene Weihnachtsgeschäft führte.

Der einzige Weg, das von dem Autor nun wirklich nicht beabsichtigte Chaos zu beenden oder wenigstens

einzudämmen, bestand darin, die E-Mail-Adresse
zu decodieren, die den Weg freigemachte hatte
für die schier endlose Menge Ungeziefer,
die in den Netzwerken seither ihr diabolisches
Unwesen trieb.
Trotz aller Mühen, gelang es nicht,
den Code zu knacken, weshalb sich die Branche
der Buchhändler und Verlage des Autors erinnerte,
von dem jedoch jede Spur fehlte.

Schließlich appellierte man in großformatigen Anzeigen
in führenden Tageszeitungen an das Gewissen
des Autors und bat ihn, doch das Geheimnis zu lüften
mit dem Köder, ihm alle gehabten Auslagen
zu ersetzen, ihm eine Mindestauflage seiner
Anthologie zu garantieren und ihn zu einer Sendung
des "Literarischen Kabinetts" einzuladen,
um ihm somit Gelegenheit zu geben, die Vorzüge seiner
Werke vor einem großen Publikum zu rühmen.

Der Autor war hin und hergerissen und überlegte lange:

Würde er wirklich zu Ruhm und Ehre kommen
oder doch etwa eher vor Gericht wegen
Internet-Rowdytums oder gar in eine Anstalt
eingewiesen von der Art, in der sich schon manche
seiner Vorgänger an ihrem Lebensabend
wiedergefunden hatten?

Der Autor entschied sich nach langem Abwägen dafür,
nicht in Erscheinung zu treten sondern
in Deckung zu bleiben.

Somit musste die Computer-Software für zehntausende
von Buchhandlungen und Verlage neu geschrieben
werden, was der IT-Branche zu einem ungeahnten
Aufschwung verhalf, übrigens sehr zum Missvergnügen
des Autors, denn, hätte er dieses Ergebnis
vorhergesehen oder auch nur ahnen können,
würde er die ganze Aktion schon in einem
sehr frühen Stadium abgebrochen haben.

ZWERGSEIDENÄFFCHEN

Robert Axt

Da es euch nicht allen bekannt sein dürfte,
muss ich vorausbemerken,
dass Zwergseidenäffchen die kleinsten
aller Äffchen sind. Sie sind so klein,
dass sie in einen Schuh hineinpassen.

Es begab sich einmal, dass ein kleines
Zwergseidenäffchen, das eine größere
Schwester hatte, in einen Schuh klettern
wollte, in dem bereits seine größere
Schwester saß, die, obwohl noch zu den
Zwergseidenäffchen zählend, sich ihnen
jedoch nicht mehr zugehörig fühlte.

So wäre es vernünftig gewesen, wenn
die größere Schwester, da sie sich ja
nicht mehr als Zwergseidenäffchen fühlte,
den Schuh ohne weiteres verlassen hätte,
um ihrem kleinen Schwesterchen
Platz zu machen.

Aber nein, sie wollte im Schuh bleiben
und auch den Platz nicht teilen, der im Schuh
bei gutem Willen für beide
zur Verfügung gestanden hätte.

Aber auch das kleine Zwergseidenäffchen
war nicht dazu zu bewegen, einen anderen
Schuh aufzusuchen, nein, es musste gerade
der sein, in dem seine größere Schwester saß.

So sind halt Zwergseidenäffchen.

Es begann ein Gerangel darüber, wer nun im Schuh bleiben oder hinein dürfe, die Ältere beharrte darauf, als Erste im Schuh gewesen zu sein und deshalb keinen Platz machen zu müssen.

Obwohl sich beide Zwergseidenäffchen sonst sehr lieb hatten und sich hin und wieder auch küssten und kosten, konnten sie sich nicht einigen, so dass der große alte Gorilla zu Hilfe kommen musste.

Der alte Gorilla überlegte und sagte dann zu dem großen Zwergseidenäffchen:

„Dieser Schuh ist für Zwergseidenäffchen reserviert, da sie so klein sind und da du kein Zwergseidenäffchen mehr bist, musst du deiner kleinen Schwester Platz machen. Wenn du aber nicht Platz machen willst, bleibst du immer ein Zwergseidenäffchen."

Da das große Zwergseidenäffchen um alles in der Welt kein Zwergseidenäffchen mehr sein wollte, sprang es sofort aus dem Schuh heraus.
Nun fing aber das kleine Zwergseidenäffchen bitterlich an zu weinen, da es nicht alleine im Schuh sitzen wollte und sich zu fürchten begann.

Da sprach der alte Gorilla ein zweites Mal
zu dem großen Zwergseidenäffchen:

„Da es dir ohnehin nicht so richtig
eingeleuchtet hat, warum du nicht mehr
in den Schuh klettern sollst, obwohl er doch
immer noch groß genug für dich ist,
dann geh' halt jetzt hinein,
deine Schwester wird nichts mehr
dagegen haben".

Als das große Zwergseidenäffchen sah,
dass seine kleine Schwester weinend
im Schuh saß, fing auch es an zu weinen,
es zwängte sich in den Schuh hinein
zu dem kleinen Schwesterchen,
umhalste und tröstete es.

Der alte Gorilla aber staunte
und dachte sich:

Ja, so sind sie halt
die Zwergseidenäffchen.

JETZT SIND DIE LESERATTEN MÜDE

ROBERT AXT

Geboren 1941 in Frankfurt am Main, wohnt seit 1967 in Gross-Karben. War tätig im Export in verschiedenen kaufmännischen Bereichen und Branchen. Nach dem Überstehen einer kritischen Situation in einem Krankenhaus, im Jahre 1999 begonnen, Gedichte zu schreiben, später auch Kurzgeschichten mit breit gestreuten Themen, von Lustigem und Besinnlichem, von Advent und Weihnachten über Computer bis zu Enkeln, von der Natur, von besuchten Orten und Ländern. Man sagt, dass die meisten der je verfassten Gedichte – und das wird auch heutzutage gelten – von den Autoren für sich selbst geschrieben wurden, vielleicht unter dem Zwang, etwas festzuhalten oder zu bewahren, genauso, wie man auch Fotos und Filme macht, um sich später erinnern zu können. Dies gilt auch für den Autor, der jeden, der Lust verspürt, Gedanken in poetische Form zu bringen, nur dazu ermutigen kann. Die persönliche Bereicherung ist immens.

Bisher vom Autor verfasste Bücher:

»Poetisches Tagebuch 1999-2011»,

»Unterwegs in Versen und Prosa» und »Gemütliches».

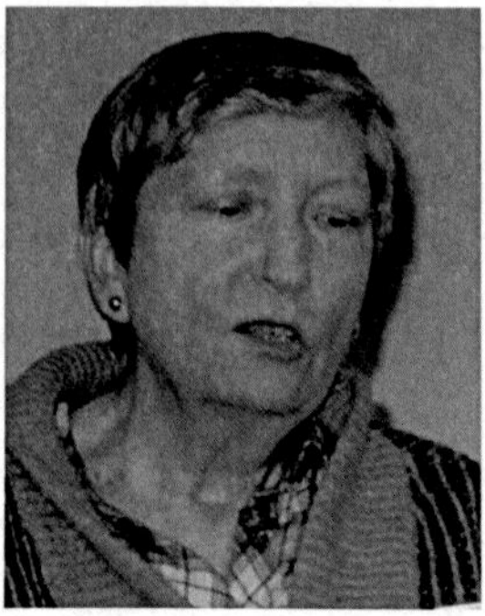

ROSIE

CORDSEN-ENSLIN

Geboren 1944 in La Serena (Chile), deutscher Abstammung. lebt seit 1973 in Deutschland. Als diplomierte Englischlehrerin unterrichtete sie an Sprachinstituten und privat, arbeitete jedoch überwiegend als Fremdsprachensekretärin.

Veröffentlichungen:

- Ein Lyrikband "Añoranzas"
- Zahlreiche Artikel für die Tageszeitung "El Día", Teneriffa.
- Beiträge für diverse spanische Zeitschriften

2001	„Vida de batracio", Erzählungen auf Spanisch
2003	Beiträge in der Anthologie „Neue Literatur", Cornelia Goethe Verlag, Frankfurt
2008	„Heiteres und Skurriles in Versen und Prosa", Verlag Buch + Bild
2014	„Ein Hauch von Abenteuer", Reisegeschichten, BoD

Zusammen mit ihrem Mann beteiligt sie sich seit fünf Jahren an den künstlerischen Aktivitäten des Karbener LiteraturTreffs.

WALTER ENSLIN

Ich bin Jahrgang 1947, gebürtig in Frankfurt am Main.

Nach Erreichen der Pensionierung als Beamter erlernte ich einen zweiten Beruf, nämlich Masseur und Gesundheitsberater. Parallel zu meiner Arbeit habe ich einige Hobbys kultiviert, die mir Erfüllung und Spaß bereiten. Dazu gehören der Gesang und das Spielen der Gitarre, die mir ermöglichen, die Präsentationen unseres Karbener Literaturtreffens musikalisch zu umrahmen.

Zusätzlich beschäftige ich mich kreativ mit dem Zeichnen von Cartoons und dem Verfassen von Kurzaufsätzen über historische Begebenheiten.

HANS JÜRGEN KÄRCHER

Geboren 1941 in Offenbach und in Frankfurt aufgewachsen. Seit 1964 Karbener Bürger. An der Technischen Hochschule Darmstadt zum Ingenieur ausgebildet. Danach war er bei MAN in Gustavsburg (bei Mainz) für den weltweiten Bau von Teleskopen zuständig. Auf seine Dienstreisen hat er die unterschiedlichsten Völkerschaften kennen gelernt. Besonders viel Spaß gemacht hat ihm der Zugang zu den Einheimischen über das Essen.

Eines seiner Hobbies ist es, zuhause fremdländische Gerichte nachzuempfinden und damit seine Familie, Freunde und Nachbarn zu überraschen. Das schlägt sich auch in den kleinen Geschichten nieder, die in diesem Büchlein präsentiert werden.

Die Geschichten wurden ursprünglich nur für private Zwecke niedergeschrieben. Da einige Freunde daran Gefallen gefunden haben, werden sie hier erstmals einem größeren Leserkreis vorgestellt.

ALFRED

LANDMESSER

Geb. 1934, in Frankfurt/Main groß geworden, lebt seit 2002 in Okarben. Seit vielen Jahren verfasst er in erster Linie Kurzgeschichten, die zunächst in Zeitungen und im Rundfunk veröffentlicht wurden. Im Rundfunk wurden zudem Comedy-Beiträge gesendet. Zwei fanden auch den Weg ins Fernsehen.

Das erste Buch mit Kurzgeschichten erschien 1992 im Verlag Michaela Naumann. Es folgten 11 weitere im Parzeller Verlag, Rosenheimer Verlagshaus und bei BoD.

WER WIR SIND

Interesse an und Liebe zur Literatur haben die Gründungsmitglieder bewegt, am 25. Januar 2010, den Verein KARBENER LITERATURTREFF zu gründen. Mit der Eintragung des Vereins ins Vereinsregister und der Anerkennung seiner Gemeinnützigkeit war am 06. Dezember 2010 auch der amtliche Teil der Gründung vollendet. Seither tritt der Verein unter dem Titel KARBENER LITERATURTREFF E.V. auf, mit dem späteren Zusatz „Das literarische Forum für Karben". Dieser Zusatz mag anfänglich zu anspruchsvoll geklungen haben, doch inzwischen sind wir überzeugt, dass der Verein den Zusatz durch seine fünfjährige engagierte literarische Arbeit redlich verdient hat.

Wir veranstalten einmal monatlich einen Literaturabend mit Lesungen bedeutender Literatur, begleitet von musikalischen Einlagen, zu den literarischen Bereichen:

- Epochen der Literaturgeschichte
- Deutschsprachige und internationale Lyrik
- Literatur aus und über einzelne Länder
- Leben und Werk bedeutender Autoren
- Thematische Schwerpunkte
- Humor in der Literatur
- Heimische und regionale Autoren
- Jugend schreibt

Wir bieten jungen Menschen in unserer Themenreihe „Jugend schreibt" ein Forum der Möglichkeiten, eigene Dichtung vorzustellen, in direkten Kontakt mit dem Publikum zu treten und durch Fragen und Diskussionen mit dem Publikum Anregung und Ermunterung zu erfahren. Wir laden regelmäßig Preisträger von Jugend- Literaturpreisen zu uns ein und bieten ihnen so eine Form von Öffentlichkeit.

Im Rahmen unserer Literaturabende stellen wir auch, neben Autoren der Region, unsere schreibenden Mitglieder und ihre Werke vor. Denn von Beginn an war eine Idee des Vereins, Literaturschaffende anzuziehen, um einen intensiven Austausch zwischen Schreibenden und Lesenden zu ermöglichen.

Bedeutende Autorinnen und Autoren lesen einmal jährlich, als Gäste, aus ihren Werken. Die Veranstaltungen haben in der Regel freien Eintritt, nur bei den Literaturabenden mit berühmten Gästen erheben wir einen geringen Eintritt, um die entstehenden Kosten abzumildern.

Unsere Literaturabende finden jeweils am letzten Donnerstag eines Monats statt, sie beginnen um 19:00 Uhr, Einlass ab 18:30 Uhr. Der Veranstaltungsort ist das KUHtelier im Schlosshof v. Leonhardi, Groß-Karben, Burg-Gräfenröder-Straße 2

Interessenten und Freunde der Literatur sind uns als Mitglieder willkommen. Der Jahresbeitrag beträgt für Erwachsene € 20,00, für Ehepaare €30,00, für Schüler/ Studenten ermäßigt.

KARBENER LITERATURTREFF E:V.

Hans-Martin Thomas Dieter Körber

BISHERIGE THEMEN
BEIM KARBENER LITERATURTREFF

6/2009	Mein Lieblingsgedicht
7/2009	Meine Lieblings-Kurzgeschichte
8/2009	Italien
9/2009	Mein Lieblingsbuch
10/2009	Karbener Literaten stellen sich vor, Teil 1
11/2009	Karbener Literaten stellen sich vor, Teil 2
1/2010	Heitere Lyrik
2/2010	Friedrich v. Schiller
3/2010	Lateinamerikanische Literatur
4/2010	Frühlingserwachen
5/2010	Märchenhaftes aus aller Welt
6/2010	Länder in der Literatur: England/Irland
7/2010	Sommerphantasien
8/2010	Deutsche Literatur der Romantik
9/2010	Poesie der Welt
10/2010	Literaten der Region
11/2010	Winterliche und weihnachtliche Impressionen
1/2011	Rainer Maria Rilke
2/2011	Deutsche Dialekte
3/2011	Literaturpreisträger
4/2011	Länder in der Literatur: Frankreich
5/2011	Prosa und Lyrik zum Frühling
6/2011	Auf eigene Gefahr: - Krimis und Thriller
7/2011	Hermann Hesse
8/2011	Länder in der Literatur: USA
9/2011	Herbstliche Gedanken
10/2011	OVAG Jugend-Literaturpreisträger 2011

11/2011	Engel, einmal anders
1/2012	Humor in der Literatur
2/2012	Theodor Fontane
3/2012	Einheimische Literaten
4/2012	Literaten aus der Ex-DDR
5/2012	Deutsche Dialekte
6/2012	Pablo Neruda, der chilenische Literatur-Nobelpreisträger, vorgestellt von Peter Lehmann
8/2012	Literatur der östlichen Nachbarn
9/2012	Heinrich Heine
10/2012	OVAG Jugend-Literaturpreisträger 2012
11 /2012	Vorweihnachtliches Programm im ASB-Altenzentrum in Karben
12/2012	Vorweihnachtliches Programm im Johanniter-Stift in Karben
1/2013	Humor in der Literatur
2/2013	Poesie des Orients
3/2013	Englische Literatur – Bloomsbury Group
4/2013	Grimms-Märchen – Böser Hänsel, böse Gretel
5/2013	Die „Mann"- Familie
6/2013	Liebesgrüße aus Russland
8/2013	Balladen
9/2013	Schriftsteller der Region
10/2013	OVAG- Jugend-Literaturpreisträger 2013
11/2013	Spannung pur – Krimis

1/2014	Tiere sind auch nur Menschen
2/2014	Iberischer Abend der Poesie: Spanien und Portugal
3/2014	Angelika Klüssendorf, Stadtschreiberin von Bergen
4/2014	Buch der Erinnerungen – Lebensläufe von Migrantinnen
5/2014	Bertolt Brecht
7/2014	Deutsche Gegenwartsliteratur
8/2014	Einheimische Autorinnen
9/2014	Verfolgte Dichter, verbrannte Bücher in der NS-Diktatur
10/2014	Schreibende Frauen
11/2014	Schülerinnen als junge Dichter
1/2015	Humor in der Literatur
2/2015	Länder in der Literatur: USA
3/2015	Peter Härtling
4/2015	OVAG – Jugend-Literaturpreisträger 2014
5/2015	Nachkriegsliteratur

In Vorbereitung:

6/2015	Rosen in der Literatur
7/2015	Hiesige Poetry Slammer treffen auf Poeten des Karbener LiteraturTreff
8/2015	Literarische Gäste aus der Region
9/2015	5. Geburtstag des Karbener LiteraturTreff
10/2015	Hommage an Günter Grass
11/2015	Novemberstimmung in der Literatur